SAGRADA FAMÍLIA

ALEXANDRE E
VIVIANE VARELA

SAGRADA FAMÍLIA

ENTRE FRALDAS E ANJOS

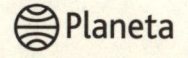

Planeta

Copyright © Alexandre Varela, 2020
Copyright © Viviane Varela, 2020
Copyright © Editora Planeta do Brasil, 2020
Todos os direitos reservados.

Preparação: Gisele Múfalo
Revisão: Carmen T. S. Costa e Renata Mello
Diagramação: Vivian Oliveira
Ilustrações de miolo: Ricardo Almeida
Capa: Rafael Brum
Imagem de capa: t0m15 / Adobe Stock

Dados Internacionais de Catalogação na Publicação (CIP)
Angélica Ilacqua CRB-8/7057

Varela, Alexandre
　　Sagrada família: entre fraldas e anjos / Alexandre e Viviane Varela; ilustrações de Ricardo Almeida. – São Paulo: Planeta, 2020.
　　192 p.

ISBN 978-65-5535-171-2

1. Jesus Cristo - Família - História 2. Jesus Cristo - Infância 3. Maria, Virgem, Santa - História 4. José, Santo - História I. Título II. Varela, Viviane III. Almeida, Ricardo

20-2001　　　　　　　　　　　　　　　　　　　　　　　　　　CDD 232.9

Índices para catálogo sistemático:
1. Jesus Cristo - Família - História

2020
Todos os direitos desta edição reservados à
EDITORA PLANETA DO BRASIL LTDA.
Rua Bela Cintra, 986, 4º andar – Consolação
São Paulo – SP CEP 01415-002
www.planetadelivros.com.br
faleconosco@editoraplaneta.com.br

SUMÁRIO

QUE LIVRO É ESTE? 11

MARIA, JOSÉ E OS BOLETOS QUE TEMOS PARA PAGAR 17

O MUNDO EM QUE JESUS NASCEU E CRESCEU 21
    A beleza e a geografia da Terra Santa 21
    Israel sob o domínio dos romanos 24
    A Judeia sob Herodes 27
    As quatro seitas que existiam entre os judeus 29
    Samaritanos e publicanos:
    grupos desprezados pelos judeus 37
    O Templo de Jerusalém, único lugar de culto 40

A VIDA DE MARIA ANTES DE JOSÉ 43
    O valor positivo de alguns apócrifos 43
    Sant'Ana, São Joaquim e o nascimento de Maria 47
    Livre de todo o pecado, desde a concepção 48
    A santa menina entregue ao Templo 64

A VIDA DE JOSÉ ANTES DE MARIA 67
    A origem de São José 67
    A carpintaria 68

Viúvo idoso ou jovem noivo?..69
O nosso representante na Sagrada Família...........................73
O maior dos santos depois da Virgem Maria........................75

MARIA E JOSÉ, UMA VIDA EM COMUM 79
Prometidos em casamento..79
O anúncio angélico: "Alegra-te, Maria!" 80
Visitação: e se a Virgem Maria batesse à sua porta?............86
Mãe de Deus e filha do seu Filho...89
Um sonho que mudou o curso da história 92

A SAGRADA FAMÍLIA 97
E os dias da gestação se completaram................................. 97
Como foi o parto de Jesus Cristo? 101
O Deus encarnado repousando em palhas 104
O Deus imenso e distante se fez pequeno e acessível........ 109
Apresentação de Jesus no Templo..113
Os misteriosos Magos do Oriente 115
Fuga para o Egito e retorno a Nazaré 122
O menino que mama: uma imagem apagada
do imaginário católico...123
O Menino Jesus frequentou a escola? 127
Três dias à procura de Jesus...132
Maria e sua rotina de dona de casa..133
O Bar Mitzvah de Jesus 140
Virgindade perpétua: pela porta que Deus entrou
ninguém mais entra..141
Jesus, Maria e José eram brancos de olhos azuis? 144
O desaparecimento de José...147

MARIA DURANTE A VIDA PÚBLICA DE JESUS 151
Jesus chamava Maria de "mulher" 151
Jesus iniciou seus milagres pela mediação de Maria..........153
Maria com uma espada transpassada na alma 156

MARIA E A IGREJA 157
    "Eis aí a tua mãe" 157
    Fim da vida terrestre e a Assunção de Maria...................... 158
    O surgimento das devoções marianas................................. 163
    Por que tantas Nossas Senhoras? 168
    A Igreja diante das aparições marianas....................................170

CONSTRUTORES DE CATEDRAIS 175

REFERÊNCIAS BIBLIOGRÁFICAS 179
    Livros..179
    Documentos do Vaticano.. 182
    Jornais 185
    Sites... 186

A coisa mais extraordinária do mundo é um homem comum, uma mulher comum e seus filhos comuns.

G. K. Chesterton

QUE LIVRO É ESTE?

Não é exagero dizer que estas são as três pessoas mais famosas do mundo: Jesus, Maria e José de Nazaré. Muitos os desprezam, outros os odeiam, alguns lhes nutrem simpatia e uma grande multidão tem por eles grande amor. Mas pouquíssimos são os que nunca ouviram falar deles, ou que conseguem ficar indiferentes à sua história.

Tudo o que é essencial de ser conhecido sobre eles está na Bíblia. E o que é essencial? As revelações necessárias para que possamos percorrer o caminho da verdade, da beleza, da justiça, do amor e da salvação.

Devemos então nos dar por satisfeitos com isso – com o que Deus se limitou a nos dizer na Bíblia – e não buscar saber mais nada? Não necessariamente. O que está nas Escrituras é o mais sagrado e mais importante. Porém, outros textos e dados históricos podem ajudar a entender as Escrituras ainda melhor – e, assim, mergulhar mais a fundo na realidade da Sagrada Família.

A maior parte da infância de Jesus, a rotina doméstica da Sagrada Família, a forma como se deu a morte de São José... Nada disso está descrito nos Evangelhos. Essa realidade oculta, porém, pode ser em boa parte inferida por meio do estudo dos costumes, da realidade política, econômica e geográfica de Israel naquela época.

No caso de Maria, com a devida prudência e filtro, os textos apócrifos são úteis para trazer à tona informações autênticas da tradição oral. Mas, para falar da infância de Jesus, não vamos recorrer aos apócrifos. O motivo é bem simples: alguns dos chamados "Evangelhos da infância" retratam um Menino Jesus insolente com os pais, grosseiro com os professores e violentamente vingativo com as crianças que o irritavam. Dessa forma, os apócrifos apresentam um Jesus muito mais similar aos deuses de índole trapaceira, como Loki (mitologia nórdica), do que ao Jesus descrito na Bíblia.

No *Evangelho de Pseudo-Tomé*, Jesus chega ao ponto de usar seus poderes sobrenaturais para matar outras crianças. Esse foi um dos motivos pelos quais esse apócrifo foi condenado por diversos pais da Igreja, inclusive pelo Papa Gelásio, que o incluiu em sua lista de livros heréticos, no século V.

Deixando essas fantasias de lado, mergulhamos no mundo da infância de Jesus com o auxílio das pesquisas de historiadores, de especialistas em história da arte e de bons teólogos. Tivemos o cuidado de descartar os autores que baseiam suas conclusões em "achologia", determinação ideológica e excesso de imaginação. Daí o primeiro motivo que nos fez escrever este livro: **dar maior nitidez à realidade da Sagrada Família**, delineando os aspectos em que a Bíblia se cala ou nos deixa somente entrever.

O segundo motivo é ajudar você a **meditar sobre como as virtudes humanas e sobrenaturais da Sagrada Família podem iluminar a sua vida concreta**. Afinal, com todos os seus limites, medos, vícios, traumas ou pecados, cada cristão é chamado a imitar Jesus – e, como fica evidente nas Escrituras, também seus santos pais são exemplos para nós.

> A humilde casa de Nazaré é para todo crente, e especialmente para as famílias cristãs, uma autêntica escola do Evangelho. Aqui admiramos a realização do projeto divino de fazer da família uma íntima comunidade de vida e de amor; aqui aprendemos que cada núcleo familiar cristão é chamado a ser pequena "igreja doméstica", onde devem resplandecer as virtudes evangélicas.[1]
>
> São João Paulo II

O que significa dizer que cada núcleo familiar é uma pequena **"igreja doméstica"**? Significa que os pais devem ajudar um ao outro a caminhar rumo ao Céu e ser os pastores de seus filhos, os catequistas que evangelizam pela Palavra e pelo exemplo. Isso se dá pela oração diária, pelo respeito mútuo, pelos gestos de socorro aos pobres, pelo testemunho de força e esperança diante dos sofrimentos e da morte.

O lar da Sagrada Família é uma "Escola do Evangelho". Que difícil é seguir as lições dessa escola! Divórcio, feminismo,[2] mentalidade contraceptiva, ideologia de gênero, violência doméstica... os lares cristãos não estão imunes a essas pragas.

Depois do ódio ao Criador, não há nada no mundo que o demônio odeie e combata mais do que a família. E, assim, o inimigo busca triunfar em cada lar desfeito, em

---

[1] Papa João Paulo II. *Angelus*. 30 de dezembro de 2001.

[2] Muitos cristãos dizem apoiar o feminismo e consideram que isso é compatível com sua fé – o que é um grave engano. Na Encíclica *Evangelium Vitae*, São João Paulo II chegou a falar da necessidade de um "novo feminismo", pautado nos valores cristãos e distanciado do feminismo que está em voga. O feminismo é um assunto muito amplo e complexo, o que favorece o desconhecimento de sua real história e essência. Como não podemos nos alongar sobre esse tema aqui, recomendamos o livro *Feminismo: perversão e subversão*, de Ana Caroline Campagnolo.

A família querida por Deus

"Um homem, uma mulher e sua prole": essa definição de família não discrimina injustamente as famílias em que falta o pai ou a mãe (ou os dois)? Não, de modo algum!

Uma criança criada só pela mãe, só pelo pai, só pelos avós ou pelos tios certamente possui uma família. O ponto é: essas configurações familiares são o resultado de alguma ocorrência triste ou indesejável – a morte de um dos pais, ou de ambos; o abandono do pai ou da mãe, ou algum motivo que os impediu de criar o filho. Muitas vezes isso não é possível, mas o ideal é que a criança seja criada por seus pais, aqueles que a geraram, tendo como referência os polos masculino e feminino.

> ...não pode haver confusão entre a família querida por Deus e qualquer outro tipo de união. (...)
>
> A família, fundada no matrimônio indissolúvel, unitivo e procriador, pertence ao "sonho" de Deus e da sua Igreja para a salvação da humanidade. (...)
>
> Através do matrimônio e da família Deus uniu sabiamente duas das maiores realidades humanas: a missão de transmitir a vida e o amor recíproco e legítimo do homem e da mulher, pelo qual eles estão chamados a completar-se mutuamente numa doação recíproca não só física, mas sobretudo espiritual.[1]
>
> Papa Francisco

---

[1] Papa Francisco. *Discurso por ocasião da inauguração do Ano Judiciário do Tribunal da Rota Romana*, 22 de janeiro de 2016.

cada adultério, em cada casal que se fecha à vinda dos filhos, em cada criança e jovem que não reconhecem a autoridade de seus pais.

Muito além de nos deixar angustiados e perplexos, esse quadro apocalíptico deve redobrar nossas súplicas e nossa esperança no Salvador. Nada no mundo pode ser maior do que a vontade de Deus, e *Ele quer* ser glorificado por meio da vitória espiritual de cada família: um homem, uma mulher e sua prole, unidos em um laço de amor, de respeito mútuo e de responsabilidade.

Em um dia, São José testemunhava os eventos sublimes do Natal; tempos depois, precisava encontrar meios de sustentar sua família em uma terra estrangeira, o Egito. Em um dia, o Menino estava no Templo deixando os doutores pasmos com sua sabedoria; alguns dias depois, voltava para a sua cidadezinha contrariado, porém dócil e conformado. Em um dia, Maria via o Filho transformar a água em vinho; no dia seguinte, precisava dar conta de preparar a massa do pão, lavar a roupa, limpar a casa...

A trajetória cotidiana da Sagrada Família oscilava entre o ordinário e o extraordinário. Entre fraldas e anjos, os dias de José e Maria se passavam quase que imperceptíveis para o mundo, e ninguém imaginava que a tarefa que Deus lhes tinha confiado era a mais maravilhosa de todas. Roguemos a Deus para que também a nossa vida ordinária possa cumprir uma missão extraordinária!

Alexandre e Viviane Varela

MARIA, JOSÉ E OS BOLETOS QUE TEMOS PARA PAGAR

Você provavelmente já viu inúmeras representações da Sagrada Família. Quase todas mostram Jesus Cristo, Nossa Senhora e São José com semblantes tranquilos e auréolas. Enxergamos ali um modelo do que deveríamos ser, ao mesmo tempo que temos a convicção de que jamais chegaremos perto. Afinal, Maria nasceu sem o pecado original e Jesus Cristo era o próprio Deus.

Por isso, no meu imaginário, a Sagrada Família sempre figurou como um modelo inatingível. Até que, em dezembro de 2013, um discurso do Papa Francisco me fez entender as coisas de um modo diferente. E tudo começou por São José.

Àquela altura, eu e Viviane tínhamos três filhos, e nossa rotina diária era realmente pesada. Desde o início do casamento, nos mantivemos abertos à vinda de filhos, como manda a Santa Igreja. Mas passávamos por uma fase de intenso cansaço, e nessas horas o modelo da Sagrada Família, de fato, parecia muito distante da realidade. Mas o papa argentino mostrou que não era bem assim:

> Ele (José) estava a seguir um bom projeto de vida, mas Deus reservava para ele outro desígnio, uma missão maior. (...) Não se obstinou em perseguir aquele seu projeto de vida (...) mas esteve pronto para se pôr à disposição da

novidade que, de forma desconcertante, lhe se apresentava. Era um homem bom.[3]

Essas palavras me fizeram pensar. Maria é a Imaculada, Jesus o próprio Deus, mas e José? Bem, José era apenas "um homem bom". Identifiquei o pai adotivo de Jesus como o nosso legítimo representante na Sagrada Família e comecei a pensar no seu cotidiano.

Como José trabalhava? O que ele pensava? Como era para esse homem sentir o peso de sustentar e proteger a Sagrada Família? Comecei a pensar no meu próprio trabalho, na minha própria realidade e no peso que eu sentia sobre os meus ombros. E não foi difícil ir além.

Como seria a vida de toda a família de Jesus? Certamente, José saía para trabalhar pela manhã e Maria iniciava seus afazeres: arrumar a casa, cozinhar, cuidar do filho pequeno, lavar os pratos, cuidar da roupa e todas as coisas que uma mãe faz todos os dias. Jesus era uma criança como as que eu tinha em casa: dava trabalho, precisava de atenção, se sujava e chorava. José passava o dia fora e, ao chegar em casa, vivia tudo isso e talvez por alguns dias se sentisse como eu: cansado e preocupado. Ao fim do dia, quando o menino Deus estivesse dormindo, quem sabe Maria e José trocassem um olhar cansado, mas realizado, assim como Viviane e eu fazíamos?

Esse pensamento tornou a Sagrada Família mais próxima, e ao mesmo tempo ainda mais sagrada. Maria e José tinham recebido grandes graças, e também grandes responsabilidades. Nenhum anjo trabalhava nem limpava a casa por eles. Aquele

---

3 Papa Francisco. *Angelus*. Praça de São Pedro, IV Domingo de Advento, 22 de dezembro de 2013. Disponível em: http://www.vatican.va/content/francesco/pt/angelus/2013/documents/papa-francesco_angelus_20131222.html.

santo casal lutava no seu dia a dia para fazer tudo dar certo. O esforço deles faz parte da história da nossa Salvação.

Esse entendimento foi central para manter a minha própria família em pé, e também a minha paz de espírito. Pouco tempo depois, eu perderia o emprego e passaria anos de grandes dificuldades financeiras. As três crianças cresciam e davam ainda mais trabalho, a ponto de nos sentirmos exaustos. Cada dia foi se tornando uma batalha a ser vencida. E, nesses momentos, tudo parecia um pouco nebuloso.

Na Semana Santa de 2015, perguntei ao Senhor que caminho tomar. Queria objetivamente que Ele me respondesse para onde ir, o que fazer para sair daquela situação e dar uma vida materialmente melhor para os três filhos que tínhamos.

Em todas as atividades da Semana Santa, rezei para receber uma resposta do Céu. Rezei muito! Passou o domingo de Páscoa e, na manhã da segunda-feira, acordei diferente. Olhei para a minha esposa e disse a ela com absoluta convicção: você está grávida!

E estava mesmo. Era a nossa quarta criança. Era a resposta que eu havia pedido.

Se Deus me enviou mais um filho, se Deus confiou à minha família mais essa graça, é porque Ele sabe que nós somos capazes de fazer o melhor, ainda que eu mesmo não acreditasse nisso. Porque não sou eu que supero os meus limites para cuidar dos meus filhos: é Ele que se aproveita de tudo (até dos meus limites) para construir o Seu Reino.

Eu só tenho que dizer "SIM". Assim como São José, que abandonou os seus planos para seguir os de Deus. Assim como a Virgem Maria, que ainda muito jovem recebeu do Anjo a missão de ser nada menos que a Mãe de Deus.

Dentro desse "sim" corajoso e humilde que os dois disseram, estava incluído ter de abandonar tudo e fugir para o

Egito, trabalhar duro, lavar os pratos, cuidar da roupa, trocar as fraldas, passar noites em claro, ter cuidado quando alguém caía doente, enfim, se desdobrar para que o próprio Deus feito homem pudesse crescer em graça e sabedoria diante deles e de todos os homens.

Essa não é uma vida diferente da sua e da minha. Também nós somos chamados a esse mesmo "sim". Um "sim" que muda tudo, nos faz abandonar nossos projetos e nos conduz a embarcar nos planos de Deus, dentro das menores coisas da vida.

É isso o que este livro quer mostrar. Que a Sagrada Família, o núcleo familiar mais abençoado de todos os tempos, vivia uma vida simples como a sua e se dedicava ao plano de Deus em um cotidiano atribulado como o seu. E isso não tira nada da beleza sobrenatural da Imaculada Conceição, da Anunciação do Anjo, da Encarnação do Verbo, de toda a vida de Cristo e da Assunção de Maria.

Ao contrário, dá mais sentido ainda a esses mistérios. Não era uma família isenta de toda a luta do cotidiano, mas era uma família como a sua. Cheia de graça pelo "sim" dado ao Senhor.

De lá para cá foram mais dois filhos. Agora, no momento em que escrevo este texto, temos seis – quatro meninas e dois meninos. Os boletos ainda atrasam, as noites sem dormir se multiplicaram, e as dificuldades continuam. O cansaço... nem se fala! Mas é tudo absolutamente cheio de sentido.

Esta é a grande lição da Sagrada Família: o Sagrado toca a nossa vida dentro do nosso cotidiano. Só precisamos dizer "sim".

Daqui para a frente, cada página vai te ajudar a entender e se aprofundar na beleza do Plano de Deus no seu dia a dia – em cada detalhe dele.

Diga "SIM" e vire a página.

O MUNDO EM QUE JESUS NASCEU E CRESCEU

A beleza e a geografia da Terra Santa

Terra de Canaã, Terra Prometida, Terra de Judá: assim os judeus chamavam a região que hoje conhecemos como Palestina. Ali foi o cenário dos eventos narrados nos Evangelhos.

Era um país muito pequeno, porém de natureza maravilhosa, com flora muito diversificada e colorida. Se ainda hoje a vista de seus campos impressiona os viajantes, imaginem como era aquela região antes dos séculos de governo turco, que provocaram o desaparecimento de muitas florestas e plantações.

> Nos pontos onde hoje não se vê nada além de planícies despidas, solo devastado ou rocha nua, a Palestina de vinte séculos atrás tinha com certeza florestas. Foram os árabes e depois os turcos os responsáveis por essa devastação; mas os cruzados francos e a pastagem de caprinos também contribuíram para isso.[4]

Nos vales de Israel, há "abundância de cavernas naturais, usadas em todo o país para rebanhos e homens — cavernas

---

[4] Daniel Rops, 1983, p. 19.

como aquelas em que Davi se escondeu ao fugir de seu filho rebelde, ou a em que nasceu o Menino Santo".[5]

Não há muitas montanhas na região. Formações como o Monte Tabor (562 metros) e o Monte Gerizim (868 metros) não passam de grandes colinas.

Podemos dizer que a Terra Santa se dividia em três regiões diferentes:

- a Judeia, ao sul, onde ficava Jerusalém e onde aconteceria a Paixão de Cristo;
- a Samaria, ao norte, onde viviam os samaritanos;
- a Galileia, também ao norte de Israel, onde Jesus cresceu e viveu até os 30 anos.

As temperaturas em quase toda a Palestina variam drasticamente do dia até a noite. Entre a meia-noite e o meio-dia a diferença às vezes pode chegar a 22 graus Celsius! Nos filmes bíblicos, quase sempre vemos a Terra Santa castigada pelo sol. Mas em algumas regiões mais altas, chega até mesmo a nevar durante o inverno (como em Jerusalém).

Sabendo disso, podemos entender bem melhor a lei do Antigo Testamento que ordenava que um credor que tomasse como garantia de pagamento o manto de um pobre o devolvesse antes do pôr do sol. Naqueles tempos, os pobres não tinham cobertores; apenas o manto, com o qual se aqueciam não somente quando estavam fora de casa, mas também na hora de dormir.

> Se tomares como penhor o manto de teu próximo, tu o devolverás a ele antes do pôr do sol, porque é a sua única

---
[5] Ibid., p. 14.

cobertura, é a veste com que cobre sua nudez; com que dormirá ele? Se me invocasse, eu o ouviria, porque sou misericordioso (Ex 22,25-26).

Nazaré, na Galileia, onde a Sagrada Família viveu do retorno do Egito até o início da vida pública de Jesus, era um povoado sustentado sobretudo pela economia agrícola de pequeno porte, durante o período Romano. A cidade situava-se perto do topo de uma montanha, onde o solo, recoberto por calcário argiloso, era fértil e favorecia o cultivo.

A agricultura na região não era somente de subsistência: também havia fazendeiros que conseguiam ter uma vida de razoável conforto – por "conforto", devemos entender algo dentro do limite possível nas condições precárias da época. A maioria dos camponeses locais precisava trabalhar de sol a sol para não passar fome.

Os principais produtos da terra eram cereais (como trigo e milho), azeitonas, figos e uvas.[6] Fica claro o quanto Jesus era familiarizado com esses produtos, pois alguns deles foram citados como elementos figurativos em seus ensinamentos e em suas parábolas.

Ao longo da vida do Senhor Nazareno, a Galileia era governada por Herodes Antipas – aquele que mandou cortar a cabeça de São João Batista. Assim como o pai (Herodes, o Grande), Antipas era um entusiasmado financiador de grandes construções – tudo, é claro, às custas do sangue e do suor do povo.

Quando não conseguiam pagar os impostos, as pessoas tinham seus bens confiscados. Depenados de suas posses, os camponeses mais "sortudos" da Galileia conseguiam se

---

6 Sean Freyne, 2008, p. 42.

adaptar e sobreviver por meio de outras atividades, como o artesanato. Os demais caíam no desespero, na prostituição, na mendicância ou no banditismo.

Nazaré era uma cidade tão pequena e politicamente insignificante que, até cerca de dois séculos depois de Cristo, não existiam referências a ela fora dos Evangelhos. Alguns estudiosos afirmaram que lá habitavam entre 1.600 e 2 mil pessoas; porém, com base nas conclusões obtidas após escavações arqueológicas mais recentes, especula-se que, na época de Jesus, a população de Nazaré fosse de, no máximo, 480 pessoas.[7]

Se compararmos Nazaré com Jerusalém, a dimensão da insignificância da cidade que acolheu a Sagrada Família fica ainda mais gritante: a população de Jerusalém no tempo de Jesus era de 600 a 700 mil habitantes.[8]

A pergunta de Natanael a Filipe aponta claramente para o desprezo com que a cidade em que cresceu Jesus era tratada pelos judeus em geral: "Pode, porventura, vir coisa boa de Nazaré?" (Jo 1,46).

Israel sob o domínio dos romanos

Quando Jesus nasceu, a terra que Deus havia prometido aos judeus no Antigo Testamento era um principado totalmente subordinado ao Império Romano. A ocupação romana ocorria desde o ano 63 a.C., quando Roma ainda era uma república. Foi quando "Pompeu invadiu Jerusalém matando 12 mil judeus e escravizando outros milhares".[9] Isso explica o

---

7 James F. Strange, 1992.

8 Émile Morin, 1982, p. 10.

9 Karen Armstrong, 2016, p. 145.

motivo pelo qual os soberanos da Terra Santa (depois chamada de Palestina) não eram judeus, e sim, chefes romanos.

Apesar de serem duramente explorados pelo Império, **os judeus gozavam de uma considerável liberdade religiosa e cultural**. Isso porque Roma tinha um jeitinho todo "especial" de lidar com os povos dominados, equilibrando repressão militar e civil com uma boa dose de tolerância em outras dimensões da vida.

A maioria dos judeus odiava o domínio romano, mas essa hostilidade era amenizada por meio de alguns agrados concedidos por Roma, e ao menos parte da população local havia sido aliciada para apoiar os dominadores. O império sabia que era importante, sobretudo, conferir privilégios às elites locais. Concedendo riquezas e grandes benefícios, "Os romanos governaram a Palestina por meio da aristocracia sacerdotal em Jerusalém".[10]

Bater e assoprar: dosar terror e brandura era uma forma esperta de Roma manter uma relativa paz, reduzindo as possibilidades de surgirem gatilhos para tensões e revoltas populares.

Por isso, não devemos estranhar o fato de que o rei Herodes – aquele mesmo que ordenaria a "matança dos inocentes" – reformou o Templo de Jerusalém, entregando aos descendentes de Abraão um edifício magnífico e ricamente adornado em seu interior. Construído por Salomão, o Templo original havia sido destruído pelos invasores da Babilônia, liderados por Nabucodonosor, em 587 a.C.

Essa política também levou Roma a desobrigar os súditos judeus de prestarem adoração ao imperador – o que é uma concessão muito importante, se considerarmos que

---

10 Karen Armstrong, 2016, p. 145.

todos os demais povos conquistados tinham de cumprir esse culto rigorosamente. E, no ano sabático (que ocorria de sete em sete anos), os judeus ficavam isentos do pagamento de impostos. Isso porque era um período em que os israelitas, por razões religiosas, não semeavam nem cultivavam a terra.[11]

Houve um tempo em que os romanos quiseram impedir os judeus de fazer sacrifícios e manifestações religiosas públicas. Mas o problema durou pouco: ao receber as queixas dos judeus, Roma logo determinou que eles deveriam ter toda a liberdade para realizar seus ritos em assembleias públicas: "Isso é exercer contra amigos e aliados nossos um rigor que não podemos permitir" – disse o ditador Caio Júlio César, em carta.[12]

Roma explorava os judeus com altos impostos e punia de forma implacável os devedores: "Quem deixava de pagar era punido com o confisco de bens e de terras".[13] Essa era a questão que mais enfurecia o povo, porque **havia uma dupla carga tributária**: além das taxas do Império, eles também precisavam pagar os impostos destinados ao Templo e aos sacerdotes.

Durante o governo de Herodes Agripa I, na Judeia, surgiram distúrbios quando Calígula tentou forçar os judeus a prestar culto ao imperador."[14] Mas, depois que Calígula foi assassinado, o imperador Cláudio permitiu que os judeus não cumprissem a exigência de culto pagão, e a situação se pacificou.

Seguindo a linha de tolerância, o cônsul romano Dolabela liberou os judeus do dever de servir ao exército para que,

---

11 Flavius Josephus, 1840, p. 292.

12 Ibid., p. 293.

13 Karen Armstrong, 2016, p. 149.

14 Herbert Donner, 1997, p. 518.

assim, eles não quebrassem o repouso obrigatório do sábado: "porque nos dias de sábado as leis de seu país lhes proíbem usar armas, empreender viagem e até mesmo cuidar do alimento".[15]

Nem sempre essa política de respeito à cultura popular era seguida à risca, e as revoltas se tornavam, então, inevitáveis – assim como o banho de sangue que se seguia, para que o governo romano pudesse abafá-las: "O Exército profissionalizado de Roma se tornou a máquina de matar mais eficiente que o mundo já tinha visto. Qualquer resistência justificava um massacre de grandes proporções".[16]

Com o tempo, as tensões entre os judeus e o Império se intensificaram de modo crítico. Na mesma medida, aumentaram os episódios de escravidão em massa de judeus, profanações, estupros e massacres. Essa realidade histórica nos permite entender melhor a resistência de boa parte dos judeus a aceitar Jesus como o Messias: uma nação tão humilhada, naturalmente, cultivava a **expectativa de um líder vingador**, guerreiro e glorioso. O pobre filho do carpinteiro não combinava com esse perfil...[17]

A Judeia sob Herodes

O reinado de Herodes, o Grande, foi muito longo – de 37 a.C. a 4 a.C., período em que ele exerceu no Império Romano a posição de "rei aliado" da Judeia, subordinado ao senado. Herodes, o Grande, não deve ser confundido com seu

---

15 Flavius Josephus, 1840, p. 293.

16 Karen Armstrong, 2016, p. 143.

17 Sobre os diversos motivos para a rejeição de muitos judeus a Jesus, falamos mais em nosso livro *As grandes mentiras sobre a Igreja Católica*.

filho e sucessor, Herodes Arquelau, nem com seu outro filho, Herodes Antipas, que mandou decapitar São João Batista.

Seu governo foi marcado pelas grandes construções, pela eliminação em série de adversários (reais ou supostos, não poupando nem mesmo membros da família).

Por meio de esplêndidas construções e melhorias urbanas em diversas cidades da Judeia, Herodes buscava imortalizar seu nome e conquistar o afeto e a lealdade dos súditos. Ele ergueu fortes, palácios e teatros, além da sua obra-prima, o segundo Templo de Jerusalém.

Herodes se dizia convertido ao judaísmo, mas, para tentar consolidar sua legitimidade, até mesmo se casou com Mariane, a filha do sumo sacerdote. No entanto, o povo não se deixou convencer sobre isso, e quase todos o viam como um pagão enrustido.

Essa desconfiança popular ficou evidente quando Herodes mandou instalar no pórtico do Templo uma vistosa águia de ouro. O povo considerava aquele objeto ofensivo e profano, mas Herodes, como judeu "torto" que era, não percebia sua gafe religiosa e achava que o povo certamente ficaria grato por tão belo adorno em seu local de culto.

Herodes ficou surpreso e possesso quando soube que Judas e Matias, dois respeitados mestres da Torá, haviam arrancado e depredado a tal águia. Então mandou queimá-los vivos, junto aos discípulos que os auxiliaram na depredação. Uma rebelião foi iniciada por aqueles que pediam vingança sobre a morte de Judas e Matias, e alguns oficiais romanos foram mortos. Como represália, três mil judeus foram chacinados pelo exército.[18]

---

18 Flavius Josephus, 1840, p. 366.

Por que tão terrível tirano se manteve firme no trono por quarenta e um anos? A verdade é que, fora alguns episódios de grande violência, na maior parte do tempo Herodes mantinha o país em relativa paz e lhe proporcionava prosperidade.[19]

No fim da vida, após um ataque de febre tifoide, a saúde mental o abandonou. Herodes passou a ver inimigos e conspiradores em toda parte, e vivia com medo de ser assassinado. Esse estado o levou a executar um grande número de funcionários e parentes, e sua loucura piorou ainda mais com o remorso de ter mandado matar sua amada esposa Mariane.

Herodes morreu em 4 a.C., quando Jesus era ainda um bebê de colo.

As quatro seitas que existiam entre os judeus

Em quase todas as sociedades, as pessoas se identificam com diferentes grupos sociais, que refletem mais ou menos o seu modo de ver a vida. Na Judeia dos tempos de Jesus não era diferente. Basicamente, os judeus eram representados por quatro grupos: os fariseus, os zelotas, os saduceus e os essênios.

Fariseus

Nos Evangelhos, entre os quatro grupos, este é de longe o mais citado. E não deixou uma boa imagem.

Jesus se mostra pacífico e doce na maior parte do tempo. E nas poucas ocasiões em que aparece irritado ou cheio

---

19 Daniel Rops, 1983, p. 48.

da santa ira, quase sempre havia um ou mais fariseus envolvidos no rolo.

> Ai de vós, escribas e fariseus hipócritas! Percorreis mares e terras para fazer um prosélito e, quando o conseguis, fazeis dele um filho do inferno duas vezes pior que vós mesmos (Mt 23,15).
> Sois semelhantes aos sepulcros caiados: por fora parecem formosos, mas por dentro estão cheios de ossos, de cadáveres e de toda espécie de podridão (Mt 23,27).
> Serpentes! Raça de víboras! Como escapareis ao castigo do inferno? (Mt 23,33)

Também nas parábolas – histórias fictícias, que ajudavam a ensinar a Palavra de Deus ao povo – Jesus não poupou os fariseus, denunciando que **viviam a religião apenas em gestos externos**, mas sem colocá-la em prática por meio do amor e da caridade. E, ainda assim, se achavam espiritualmente superiores a todo o resto de Israel!

Por isso, o termo "fariseu" passou a ter novo significado, além de membro de uma das seitas judaicas antigas. **Todos nós temos a tentação de pensar e agir como fariseus, quando:**

- interpretamos e aplicamos a lei de Deus e as normas da Igreja de forma engessada, sem olhar para a realidade de cada pessoa;
- somamos à lei de Deus preceitos humanos e subjetivos, deixando-a mais difícil de ser seguida;
- medimos e criticamos duramente os pecados alheios sem, antes, considerar a dimensão dos nossos próprios pecados;

FARISEUS NA BÍBLIA

"EU TE AGRADEÇO, SENHOR, PORQUE NÃO SOU PECADOR COMO ESSAS PESSOAS!"

FARISEUS NAS REDES SOCIAIS

- buscamos propagandear as boas ações que fazemos para sermos elogiados e bem-vistos pelas pessoas;
- vemos o cristianismo, sobretudo, como um conjunto de normas e ritos, e assim perdemos o foco no essencial da Boa-nova: a afeição a Cristo vivo e o desejo de ter toda a vida iluminada pela Sua presença.

> Hoje muitos têm uma concepção limitada da fé cristã porque a identificam com um mero sistema de crença e de valores e não com a verdade de um Deus que se revelou na história, desejoso de comunicar intimamente com o homem, numa relação de amor com ele. Na realidade, como fundamento de toda a doutrina e valor está o evento do encontro do homem com Deus em Jesus Cristo. **O Cristianismo, antes de uma moral ou de uma ética, é o acontecimento do amor**, é o acolhimento da pessoa de Jesus. Por isso o cristão e as comunidades cristãs, antes de mais nada, devem olhar e fazer olhar para Cristo, o verdadeiro Caminho que leva a Deus.[20]
>
> Bento XVI

Os fariseus dos tempos da Bíblia se aplicavam a viver a religião da forma mais rígida e pura possível. Justamente por essa aparência de santidade, eram muito populares e influentes em meio ao povo israelita. A maioria dos **doutores da lei** compunha-se de fariseus, que não eram sacerdotes nem levitas, e sim intelectuais dedicados a estudar, interpretar e explicar ao povo a Lei de Deus.

Seu prestígio também tinha origem em sua oposição (ainda que passiva) a Roma. Os fariseus evitavam o máximo

---

20 Papa Bento XVI. *Audiência Geral*. 14 de novembro de 2012.

possível terem contato com os romanos, para não se contaminarem com a "impureza" deles.

A obsessão dos fariseus era observar cada uma das leis de Deus, nas mínimas exigências, em todos os detalhes da vida. O problema é que a prática não funcionava tão bem quanto a teoria: todo esse rigor era pura vaidade de se mostrar como superior aos outros por meio de práticas religiosas externas. Mas, no íntimo e na vida privada, eram cheios de grandes pecados e mesquinharias. **Não adoravam a Deus em espírito, mas somente em atitudes religiosas formais** – como uma espécie de teatro da fé.

Além dos Dez Mandamentos, os judeus tinham todas as demais leis prescritas por Moisés como orientação para a vida religiosa e cotidiana. Essas instruções estão registradas na Torá (compreendida pelos livros de Gênesis, Êxodo, Levítico, Números e Deuteronômio). Aí vieram os fariseus e somaram um monte de outras "leis" a essas das Escrituras, tornando a religião mais pesada e cheia de formalismos, e identificando grandes pecados até nas mais insignificantes minúcias.

Leia a seguir o trecho de um texto hilário do historiador Daniel Rops e diga se não conhece um católico que vive se atormentando com questões desse gênero, típicas de quem cultiva uma consciência escrupulosa:

> Todos sabem que os fariseus chegaram a ser ridículos com seus comentários sobre o mandamento que proibia todo trabalho no sábado. Seria permitido comer um ovo botado nesse dia, desde que a galinha tivesse infringido a Lei trabalhando? Não se podia matar um animal, mas se o animal em questão fosse um piolho, poder-se-ia matá-lo? Os doutores mais rigorosos eram absolutamente contra essa

chocante profanação do dia do Senhor; mas as mentes mais liberais toleravam que o piolho fosse privado das pernas.[21]

Por isso, Jesus falou que o povo deveria tomar **cuidado com o "fermento dos fariseus"** (Mc 8,15). Assim como o fermento incha a massa, os fariseus inchavam a autêntica lei de Deus com doutrinas humanas, que só produziam desespero e hipocrisia. Eles se justificavam dizendo que seus ensinamentos tinham origem na sabedoria comunicada oralmente pelos sábios hebreus antigos (Torá oral).

Zelotas

Os zelotas eram um grupo dentro dos fariseus que repudiava de forma mais decidida a subordinação política de Israel a Roma. Eram revolucionários dispostos a lutar pela independência nacional, por meio da sonhada expulsão dos romanos da Terra Prometida.

Em essência, não eram diferentes em nada dos fariseus; eram simplesmente partidários extremistas e militantes dentro do farisaísmo. Um zelota era um fariseu "com sangue no olho".

Com o passar dos anos, para alcançar o político da independência nacional, os zelotas passaram a fazer cada vez mais uso da força, inclusive com o combate direto às tropas de Roma. Andavam sempre armados com uma adaga escondida sob a roupa, com a qual golpeavam não somente romanos, mas também judeus que consideravam como traidores.[22]

---

21 Daniel Rops, 1983, p. 272.

22 Ibid., p. 56.

Agindo desse modo, diferenciavam-se muito do restante da população israelita, que, em sua maioria, oferecia resistência contra os excessos do Império por meio de protestos pacíficos.[23]

O partido dos zelotas se tornou especialmente influente durante o ano 66 d.C., quando a indignação popular contra os altos impostos e as violências de Roma chegou ao máximo da tensão e estourou em uma revolta de grandes proporções.

Nessa guerra, conhecida como a Grande Revolta Judaica, os zelotas tiveram o grande feito de tomar a fortaleza de Massada, após massacrar toda a Terceira legião Gaulesa (*Legio III Gallica*, a mítica legião do exército imperial romano criada por Júlio César).

Os judeus conseguiram livrar a Terra Santa dos dominadores romanos, mas essa glória durou apenas quatro anos, e teve um trágico desfecho. No ano 70 d.C., os revoltosos foram derrotados pelas forças do comandante Tito, e em seguida Jerusalém se transformou em um inferno na terra: saques, incêndios em toda a cidade (inclusive nas plantações) e milhares de judeus assassinados pelos romanos.

Ao fim desse horror, o Templo foi profanado e parcialmente destruído – essa foi a sua segunda destruição. Porém, os combatentes zelotas acastelados em Massada resistiram ainda mais quatro anos. E quando viram que não mais poderiam deter as forças de Roma, cometeram suicídio em massa – "com exceção de duas mulheres com cinco crianças".[24]

---

23 Karen Armstrong, 2016, p. 147-148.
24 Herbert Donner, 1997, p. 522.

Saduceus

"Gente fina", a "nata da sociedade": assim poderíamos definir os saduceus. Eles eram a elite cultural, religiosa, política e econômica judaica.

De forma diferente dos fariseus, os saduceus não eram populares entre os israelitas comuns, mas detinham o poder político. Seus sumos sacerdotes eram os diplomatas, os representantes dos judeus perante os chefes de Roma. Poderíamos dizer que eles eram mais conformados com a ocupação imperial.

Na interpretação que faziam da Torá, os saduceus não complicavam as leis nem inchavam a doutrina, como faziam os fariseus.

Essênios

Em determinado ponto da História de Israel, um grupo de judeus se cansou das corrupções e desvios da religião promovidos pelas lideranças do Templo de Jerusalém. Conhecidos como essênios, resolveram formar uma comunidade alternativa e independente, para terem a liberdade de viver a fé judaica de forma mais digna e santa.

A maioria dos essênios formou comunidades em zonas desérticas, o que permitia que se isolassem daqueles que consideravam *seguidores de uma religião corrompida*.

Apesar de serem judeus, os essênios se recusavam a participar das atividades de culto no Templo de Jerusalém, como os sacrifícios. Ainda assim, continuavam a enviar suas ofertas para o Templo, conforme as instruções da Torá.

Além disso, viviam, sobretudo, do cultivo da terra, e colocavam em prática na comunidade a partilha de bens e a ajuda mútua.

Samaritanos e publicanos: grupos desprezados pelos judeus

Nos Evangelhos, vemos que Jesus muitas vezes compara as atitudes e a mentalidade dos fariseus com a postura dos samaritanos e publicanos.

Nessas passagens (que citam fatos reais, como a conversão do publicano Zaqueu, ou histórias fictícias, como a parábola do bom samaritano), os samaritanos e publicanos são sempre mostrados como moral e espiritualmente superiores aos fariseus.

Aos olhos de Deus, que vê muito além das aparências, as pessoas tidas pelos homens como impuras e indignas, na verdade, estavam muito mais próximas da salvação do que aqueles que eram admirados por sua aparente santidade.

Será que Jesus aprovava o modo de vida dos samaritanos e publicanos? Uma leitura superficial desses eventos pode levar ao pensamento de que Deus não via nada de errado no seu modo de vida. O fato é que os pecados dos samaritanos e publicanos eram muito graves, mas uma coisa os elevava acima dos fariseus: a capacidade de se reconhecerem como pecadores e necessitados da misericórdia de Deus.

Por não alimentarem uma ideia falsa e orgulhosa de si mesmos como pessoas maravilhosas e perfeitamente devotas, os samaritanos e publicanos estavam mais abertos ao arrependimento do que os fariseus.

O publicano Zaqueu era corrupto, e Jesus jamais aprovaria isso. Deus abomina o roubo e a ganância. Mas a salvação entrou na casa daquele homem de Jericó, porque, ao encontrar Jesus e ouvir a Boa-nova, ele abraçou a verdade e mudou de vida.

A samaritana já havia se "casado" cinco vezes e vivia amasiada com seu atual companheiro. Jesus mesmo disse que o homem com quem ela vivia não era marido dela de verdade (Jo 4,18). Mas, diferentemente da maioria dos fariseus, aquela mulher soube reconhecer Jesus como profeta e se pôs seriamente a pensar se ele não seria o Messias prometido por Deus.

Por isso, para entender melhor o que Jesus viveu e ensinou, é muito útil saber mais sobre as características desses dois grupos de excluídos que habitavam Israel.

Samaritanos

A Samaria era uma província que ficava no alto de um monte, entre a Judeia e a Galileia. Lá viviam os samaritanos, que não eram judeus, mas sim descendentes dos judeus pobres que "sobraram" no Reino do Norte de Israel após a deportação em massa dos hebreus dominados pelos invasores da Assíria.

Sem uma elite intelectual, política e sacerdotal que pudesse continuar a difundir a doutrina e as leis pregadas pelas Escrituras (a elite estava no exílio), o povo iletrado acabou perdendo sua identidade religiosa, aderindo cada vez mais aos costumes dos pagãos.

Assim surgiu o samaritanismo, uma nova crença que misturava elementos do judaísmo com doutrinas e tradições pagãs – mas ainda assim preservando a fé no Deus único, YHWH. Por terem perdido suas raízes com o judaísmo autêntico, os samaritanos eram desprezados pela maioria dos judeus.

Do ponto de vista doutrinal e litúrgico, a religião dos samaritanos não estava conforme as orientações sagradas reveladas por Deus no Antigo Testamento. Em sua doce sinceridade, Jesus disse à mulher samaritana: "Vós adorais o que não conheceis, nós adoramos o que conhecemos, porque a salvação vem dos judeus" (Jo 4,22).

Publicanos

"Não sei por que o padre fulano dá tanta atenção a beltrano(a). Ele não sabe que ele(a) não presta?". Esse tipo de comentário é relativamente frequente em muitas de nossas paróquias e comunidades eclesiais. É irônico notar que era justamente esse tipo de crítica que Jesus recebia quando estabelecia uma conversa amiga com gente de vida "torta", como prostitutas e publicanos.

Mas como os pecadores podem se converter e mudar de vida, se não receberem o amor e a Palavra de Cristo? Jesus não veio justamente para salvar os pecadores? E como poderá salvá-los, se não se dispuser a se relacionar afetuosamente com eles?

Certamente o cristianismo abomina o roubo, a corrupção e a prostituição. Jamais nenhum santo ou profeta foi tolerante com nenhum desses pecados. Porém, não é com nojinho e mantendo distância dos pecadores que esses males serão combatidos pela Igreja. É preciso acolher, integrar na comunidade e orientar TODOS os que mostram alguma boa vontade e abertura para escutar a Boa-nova.

O Império tinha dois tipos de funcionários que recolhiam impostos junto à população judaica: os cobradores de impostos romanos (categoria superior) e os cobradores de impostos auxiliares, os chamados publicanos.

Os publicanos eram selecionados entre os judeus. Recolhiam os impostos relativos à circulação de todas as mercadorias nos distritos onde viviam, tributando todas aquelas que circulavam pelas estradas, mesmo as de pouco valor e comercializadas pelos mais pobres.

O drama é que, a partir do momento em que aceitava atuar nessa função, um israelita era visto como um traidor de seu povo. Por aceitar servir ao governo dos pagãos invasores, deixava de ser considerado judeu.

Mas que ninguém pense que os publicanos eram "coitadinhos": em sua maioria eram corruptos e impiedosos. Aproveitavam-se da liberdade no estabelecimento de tributos para cobrar mais do que a taxa mínima exigida pelo Império, e assim extorquiam as pessoas.

Ninguém gostava dos publicanos – e, se você e eu vivêssemos naqueles tempos, com certeza também não iríamos gostar! Não é à toa que os judeus ficavam chocados ao verem Jesus comendo e conversando com publicanos. Eles certamente se perguntavam: por que um homem que muitos veem como um santo e profeta não se recusa a se misturar com esse tipo de corrupto?

Esse cenário pode nos dar uma mínima ideia do tamanho do escândalo causado pela convocação do publicano Mateus para ser um dos Apóstolos (Mt 9,9-13).

O Templo de Jerusalém, único lugar de culto

Os seguidores das mais diversas religiões têm a opção de participar das atividades religiosas comunitárias no local de culto que mais lhes convier – em geral, naquele mais próximo à sua residência. É assim com o catolicismo, com as diversas denominações protestantes, com o budismo, com o hinduísmo etc.

Em Israel era diferente. Só havia um templo, um único local sagrado onde era possível cumprir os preceitos e rituais da fé de Abraão, Isaac e Jacó. Era o Templo de Jerusalém, onde pulsava o coração da vida religiosa judaica. Nenhum outro lugar do planeta era tão especial para os judeus, pois ali estava a Arca da Aliança, com as Tábuas da Lei que Moisés recebeu do próprio Deus.

Especialmente durante a festa da Páscoa todos peregrinavam até aquele lugar santo, erguido sobre o Monte Moriá. Quando nascia o filho primogênito de um casal, também era no Templo de Jerusalém que a criança deveria ser consagrada e circuncidada.

Nas vilas e cidades israelitas havia sinagogas, é verdade. Mas esses locais não continham um altar: funcionavam apenas como ponto de encontro para reuniões, orações, leitura e estudo das Escrituras. De modo nenhum as sinagogas eram vistas como equivalentes a um templo.

Contrariando a doutrina de Israel, os samaritanos haviam construído um templo no Monte Gerizim, e lá faziam seus sacrifícios. Para os judeus, aquele edifício era uma heresia, uma abominação.

O Templo que Jesus conheceu não foi aquele originalmente erguido pelo Rei Salomão. Também não era o "segundo Templo", construído por Zorobabel. Era o Templo de Herodes, o "terceiro Templo", que tinha estilo greco-romano.

Muitos cristãos, hoje, pervertem a interpretação de algumas passagens do Novo Testamento para justificar sua opção de não frequentar igrejas – são os chamados "desigrejados". Por sua vez, **Jesus orou no Templo de Jerusalém e demonstrou grande zelo por aquele lugar.** Tanto zelo que não conteve sua indignação, derrubando mesas e usando o chicote para expulsar do pátio os homens que estavam fazendo da casa do Pai uma feira barulhenta (os vendedores de animais para os sacrifícios e os cambistas, que trocavam o dinheiro "sujo" pagão por moedas ritualmente purificadas).

Como um judeu fiel e praticante, Jesus também visitava com muita frequência a sinagoga para orar e ensinar – isso os Evangelhos mencionam repetidamente.

A VIDA DE MARIA ANTES DE JOSÉ

As Escrituras silenciam completamente sobre o nascimento e a infância de Maria. Nos evangelhos, sua trajetória pessoal surge somente a partir da Anunciação do Anjo de que ela seria Mãe do Salvador.

Mas não pensem que, por esse motivo, os cristãos estão completamente no escuro sobre os fatos da infância de Maria. As histórias contadas de boca em boca, desde os primeiros tempos da Igreja, são um meio válido de buscar conhecer mais sobre a vida de tão preciosa Mãe.

Em algum momento do século II, esses contos populares, transmitidos oralmente, foram registrados por escrito, formando os chamados "Evangelhos apócrifos" sobre a vida de Maria.

O valor positivo de alguns apócrifos

O que é um apócrifo? A palavra "apócrifo" significa "livro secreto". Mas aquilo que chamamos de apócrifo é muito mais que isso. De forma simplificada, podemos dizer que um apócrifo do Novo Testamento é um texto com as seguintes características:

- foi composto na Antiguidade ou Antiguidade Tardia;

- possui conteúdo religioso e/ou teológico, que imita ou faz referência a um dos gêneros literários do Novo Testamento (Evangelhos, Epístolas, Atos e Apocalipse);
- sua autoria é falsamente atribuída a uma figura de destaque do judaísmo ou cristianismo primitivo, geralmente um apóstolo; trata-se de uma tentativa do autor de conferir autoridade à sua obra.[25]

Alguns apócrifos são completamente heréticos e descabidos, cheios de doutrinas erradas; outros misturam verdades e delírios. Por outro lado, há aqueles que apresentam conteúdos muito edificantes, apesar de trazerem elementos lendários (e, por isso mesmo, a Igreja os olhou com prudência e desconfiança).

Apesar de não ser um livro inspirado – ou seja, não foi escrito sob a inspiração do Espírito Santo –, o *Protoevangelho de Tiago*, por exemplo, é considerado um livro venerável, tendo sido citado por vários Pais da Igreja, como Orígenes e São Justino. Por isso muitos teólogos de renome consideram bastante provável que esse apócrifo comunique conteúdos autênticos do ensinamento oral transmitido pelos Apóstolos (misturados, porém, a algumas narrativas imaginárias).

O *Protoevangelho de Tiago* é o fundamento para a existência da festa da Apresentação da Bem-Aventurada Virgem Maria, que toda a Igreja Católica festeja no dia 21 de novembro. No Ocidente, essa festa é um simples memorial, mas na liturgia católica do Oriente ela tem um destaque ainda mais forte.

---

25 Segundo Julio César Chaves, esse fenômeno se chama "pseudomínia". Saiba mais no nosso livro *As grandes mentiras sobre a Igreja Católica*.

Falando sobre essa e outras celebrações litúrgicas originadas de textos apócrifos, o Papa Paulo VI disse que "por detrás do que têm de apócrifo, propõem conteúdos de elevado valor exemplar e continuam veneráveis tradições, radicadas sobretudo no Oriente".[26]

O padre José Garcia Paredes explica a importância do *Protoevangelho de Tiago:*

> As primeiras alusões a este Evangelho encontram-se em Justino (†165), Clemente de Alexandria (†215), Orígenes (†253-254), Gregório de Nissa (†394) e Epifânio (†403). (...) O objetivo deste livro era glorificar Maria. Teve uma enorme difusão. É uma obra anterior aos dogmas, à doutrina desenvolvida, aos Santos Padres. Reflete crenças populares anteriores à sua data de composição.[27]

Se alguns dos apócrifos são edificantes e revelam a visão dos cristãos primitivos sobre a Sagrada Família, por que não foram inseridos entre os livros da Bíblia (o chamado cânon bíblico)? A resposta é que, ao lado de prováveis fragmentos de verdades históricas, esses textos contêm erros ou elementos duvidosos.

Mesmo com algumas reservas, as autoridades da Igreja consentiram – e, em alguns casos, incentivaram – que certas informações trazidas por alguns apócrifos fossem cultivadas pelos fiéis. E assim foram introduzidas na piedade popular, na liturgia e na arte sacra.

Entre alguns dos principais elementos de devoção católica que foram comunicados por textos apócrifos, podemos citar:

---

26 Papa Paulo VI. *Exortação Apostólica Marialis Cultus*. 1974.

27 José Cristo Rey Garcia Paredes, 1995, p. 170.

- os nomes dos Três Reis Magos: Gaspar, Melquior e Baltasar;
- a presença do boi e do asno no presépio;
- a narrativa da morte por martírio de Santo André Apóstolo;
- o encontro da Virgem Maria com Seu Filho, em uma das estações da Via Sacra;
- o encontro de Jesus com Verônica, quando ela enxugou o Seu rosto ensanguentado, que ficou gravado no véu.

Portanto, podemos crer que as informações que apresentaremos a seguir sobre o nascimento e a infância da Santíssima Virgem têm origem em textos que, de maneira muito possível, comunicam autênticos fatos narrados oralmente pelos Apóstolos – ainda que um tanto "enfeitados" com detalhes fictícios.

Em diversos pontos do *Protoevangelho de Tiago* ficam evidentes os elementos de ficção: como quando o apócrifo relata que, aos 6 meses, Maria deu sete passos; ou quando diz que, após ser entregue por seus pais ao Templo, a santa menina era alimentada pelos anjos.

Esses "milagres" são completamente exagerados, foram inventados como recurso para maravilhar os leitores mais ingênuos e impressionáveis. Note que a Bíblia mostra que Deus não realiza milagres que não sejam necessários e que não tenham uma função muito objetiva na História da Salvação.

O valor dos veneráveis apócrifos está na essência de sua mensagem, e não em seus pormenores lendários: "O trigo desses documentos, isto é, seu ensino sobre Maria, foi reunido e utilizado; o joio, que é o fundo fantástico, foi rejeitado...".[28]

---

28 Juniper B. Carol, 1955, p. 183.

Sant'Ana, São Joaquim e o nascimento de Maria

Em Israel havia um casal que tinha muitas riquezas. Eles se chamavam **Ana e Joaquim**. Mesmo sendo de condição social privilegiada, suportavam muitas humilhações por não terem gerado nenhum filho. O povo acreditava que a esterilidade era sinal da maldição de Deus, e os que tinham a língua venenosa não os poupavam de comentários ofensivos.

Estando um dia muito triste, Joaquim resolveu deixar sua casa e passar alguns dias em retiro, jejuando no deserto. Abrigado em uma tenda, disse:

– Não sairei daqui nem sequer para comer ou beber, até que não me visite o Senhor meu Deus. Que minhas preces me sirvam de comida e de bebida.

Desolada com a aflição de seu marido, Ana amaldiçoava até mesmo o dia em que havia nascido. Mas sua fé não a havia abandonado completamente, e então ela orou:

— Ó Deus de nossos pais! Ouve-me e bendize-me da maneira que bendisseste o ventre de Sara, dando-lhe como filho Isaac!

Nesse momento um anjo lhe apareceu e garantiu que ela teria suas preces atendidas. Ana exultou, e as trevas em seu coração logo deram lugar à esperança:

— Viva o Senhor meu Deus, que, se chegar a ter algum fruto de bênção, seja menino ou menina, levá-lo-ei como oferenda ao Senhor e estará a seu serviço todos os dias de sua vida.

Como fora profetizado, nove meses depois Ana deu à luz uma menina, que ganhou o nome de Maria. Esse era um nome tipicamente hebreu, derivado de Myriam – o nome da irmã de Moisés, que acompanhou o cestinho do irmão sendo levado pela corrente do Rio Nilo até o palácio do Faraó (Ex 2,4-9).

Cheio de gratidão, o santo casal prometeu a Deus que sua filha seria entregue ao Templo de Jerusalém ainda bem pequena, para que lá pudesse morar e servir.

Com base nessa tradição, a Igreja festeja Sant'Ana e São Joaquim no dia 26 de julho.

Livre de todo o pecado, desde a concepção

Como todas as pessoas do mundo, São Joaquim e Sant'Ana eram sujeitos ao pecado original. Foi somente por um ato da graça de Deus que, por meio da união amorosa de seus corpos, na santidade do leito conjugal, eles geraram uma criança com a alma totalmente pura.

Maria foi redimida por Cristo e liberta do pecado original desde o momento em que foi concebida no ventre de sua mãe. Isso tornou-se possível porque Deus Pai antecipou os méritos que Jesus obteria para toda a humanidade em sua Paixão e Morte de Cruz.

Antecipar os méritos da Paixão de Cristo? Como isso foi possível? Bem, Deus não está preso à ordem linear do tempo como nós estamos. Passado, presente e futuro: tudo isso está diante de Seus olhos, ao mesmo tempo.

Sendo onisciente, com conhecimento pleno e perfeito de todas as coisas, Deus sabe o que vai acontecer no que chamamos de "futuro". Prevendo a morte de Jesus na cruz, Deus aplicou os méritos desse sacrifício à libertação de Maria do pecado original, desde o momento em que ela foi concebida.

O que é o pecado original?

O pecado original é diferente dos pecados pessoais. Adão e Eva foram criados perfeitos de corpo e alma, mas, quando desobedeceram a Deus, comendo o fruto proibido, cometeram o pecado original. Por conta disso, perderam a graça santificante.

A partir daí, seus descendentes – ou seja, toda a humanidade – nasceram privados da graça santificante, o que faz com que nosso corpo e nossa alma sejam imperfeitos. Então surgiram **o sofrimento, as doenças e a morte** (imperfeições físicas), e também a tendência do ser humano a fazer escolhas erradas, por causa de seus sentimentos e suas ideias desordenados (imperfeição espiritual).

Por meio do sacramento do Batismo, os cristãos são lavados da mancha do pecado original, recebendo a graça santificante. Porém, continuam com as imperfeições decorrentes de terem sido concebidos ainda privados da graça. Por isso, ainda são afetados pela inclinação ao mal – chamada de **concupiscência** –, contra a qual devem lutar a vida toda.

Independentemente do fato de ter por natureza essa inclinação ao mal, quando uma pessoa cai em tentação, ela comete o pecado pessoal, por sua própria culpa.

Todos os seres humanos herdaram as consequências do pecado original – menos Maria, Mãe de Deus. Por isso, ela jamais cometeu nenhum pecado, nem sofreu na carne a inclinação a fazer o mal.

PECADO ORIGINAL

- É A <u>RAIZ</u> DE TODOS OS DEMAIS PECADOS
- FOI COMETIDO PELO PRIMEIRO CASAL HUMANO
- É HERDADO POR TODOS OS DESCENDENTES DE ADÃO E EVA
- INCLINA A ALMA A PECAR
- É LAVADO PELO BATISMO

PECADOS PESSOAIS

- SÃO OS <u>FRUTOS</u> DO PECADO ORIGINAL
- NÃO SÃO HERDADOS, SÃO CULPA DO PRÓPRIO PECADOR
- PODEM SER GRAVES OU LEVES
- OS PECADOS GRAVES SÃO LAVADOS NA CONFISSÃO

A Imaculada Conceição de Maria se deu em função da glória de Cristo

"Conceição" vem da palavra "concepção". O dogma se refere à revelação de que, no momento em que foi concebida no ventre de Sant'Ana, **Maria não herdou o pecado original**. Por isso, sua concepção foi imaculada – sem mácula. Convinha ao Senhor do Universo, afinal, preparar para o Seu Filho a Nova Arca da Aliança.

Por isso a Igreja festeja a Festa da Imaculada Conceição de Nossa Senhora no dia 8 de dezembro (dia de preceito, em que todos os católicos devem ir à missa).

Esse milagre imenso não foi mérito de Sant'Ana nem de São Joaquim, nem a menina gerada o recebeu por merecimento próprio. Trata-se de um privilégio concedido unicamente em previsão dos méritos de Jesus Cristo.

Deus fez isso em favor da glória de Seu próprio Filho. Afinal, por melhor e mais santa que uma pessoa seja, comete pecados (ainda que leves). E seria realmente indigno que o Deus encarnado, crescendo em um ventre humano, estivesse ligado pelo cordão umbilical a uma pecadora.

Assim explicou Santo Tomás de Aquino: "...porque a honra dos pais redunda para os filhos, segundo a Escritura (Pr 17,6): 'A glória dos filhos são os pais deles'; e, por oposição, a ignomínia da mãe redundaria para o Filho (*Suma Teológica*, parte III, Questão 27, Art. 4)".[29]

Podemos entender perfeitamente a argumentação de Santo Tomás ao observar que, nas discussões chulas, para atingir o adversário, costuma-se xingar e depreciar a sua mãe... Justamente porque a desqualificação da mãe se reflete na desqualificação do filho.

Maria não foi preservada do pecado original para o louvor dela mesma. Deus fez tudo isso com o objetivo de criar um "templo" conveniente e santo para abrigar o Filho durante o tempo de Sua gestação.

Então, esse dogma não foi declarado por causa de uma exagerada devoção mariana – como alguns podem pensar. O centro do dogma da Imaculada Conceição de Maria é Cristo; sua função é servir ao correto entendimento sobre a natureza humana e divina do Senhor.

---

29 Santo Tomás de Aquino, 2016, p. 212.

O desenvolvimento da doutrina da Imaculada Conceição

É interessante questionar: os cristãos primitivos tinham conhecimento de que a Mãe de Jesus havia sido concebida sem pecado original? A resposta é: não, não tinham. Isso de forma alguma significa que se trata de uma doutrina humana, inventada arbitrariamente pelo clero católico.

Antes de tudo, é preciso entender o que é o conceito de **"desenvolvimento da doutrina"**: é o entendimento de que, apesar de a Revelação estar completa, o alcance de uma interpretação mais precisa se desenvolve ao longo do tempo. Podemos observar isso na História da Salvação narrada nas Escrituras: "Com o progresso dos tempos, o conhecimento dos padres espirituais aumentou; pois, na Ciência de Deus, Moisés foi mais instruído do que Abraão, os Profetas mais que Moisés, e os Apóstolos mais do que os Profetas" (São Gregório Magno).[30]

Atenção: a doutrina original pregada por Cristo não muda! A Boa-nova é imutável assim como o próprio Deus, que é o mesmo ontem, hoje e sempre: "O céu e a terra passarão, mas as minhas palavras não passarão" (Mt 24,35). A doutrina simplesmente se desenvolve, à medida que o conhecimento sobre as verdades contidas na Bíblia e na Tradição se amplia.

Essa dinâmica foi revelada pelo próprio Cristo: "Tenho ainda muitas coisas a dizer-vos, mas não sois capazes de as compreender agora. Quando, porém, vier o Espírito da Verdade, ele vos conduzirá à plena verdade" (Jo 16,12-13). Assim, a Igreja continua, através dos tempos, dando respostas seguras às dúvidas e dificuldades de cada geração.

---

30 Ludwig Ott, 1954, p. 7.

O desenvolvimento da doutrina pode ser comparado ao processo de lapidação de uma pedra bruta. A Igreja é como uma mulher que carrega uma joia com uma pedra preciosa de valor inestimável no pescoço. A mulher nunca permite que a pedra de seu colar seja substituída, ou que lhe sejam adicionados novos enfeites; mas, de tempos em tempos, envia a pedra para a lapidação, de modo que seu brilho e beleza aumentam sempre mais.

A essência da pedra é sempre a mesma, e apenas a sua forma é aperfeiçoada com a lapidação. Essa pedra é a santa doutrina de Cristo e dos Apóstolos!

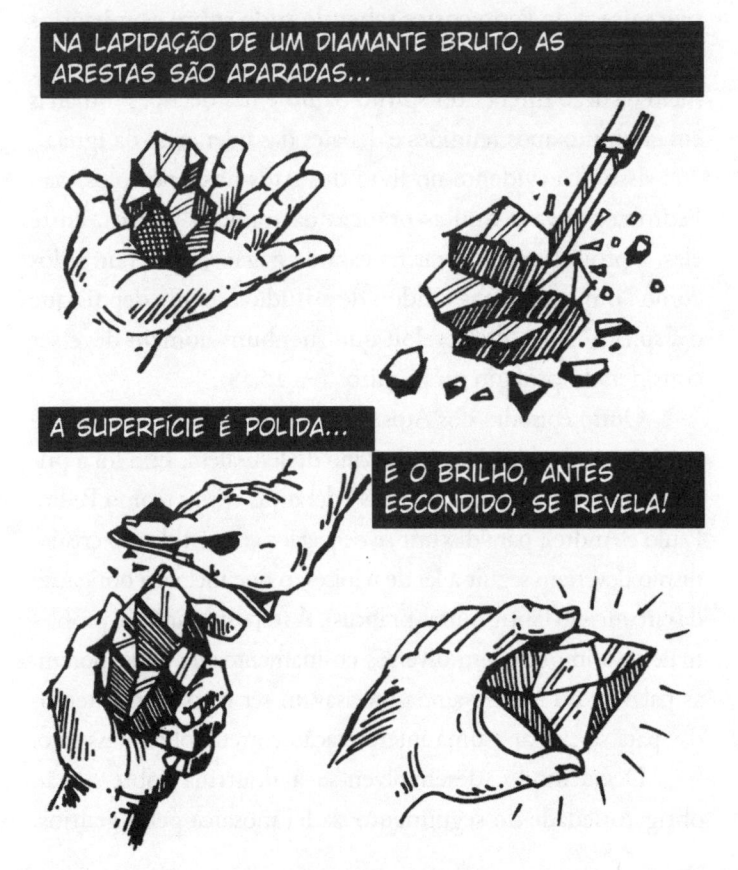

NA LAPIDAÇÃO DE UM DIAMANTE BRUTO, AS ARESTAS SÃO APARADAS...

A SUPERFÍCIE É POLIDA...

E O BRILHO, ANTES ESCONDIDO, SE REVELA!

Considere, por exemplo, a fertilização *in vitro*: Jesus nunca falou sobre isso, nem os Apóstolos. A razão, obviamente, é o fato de que essa tecnologia não existia. Agora, se não houvesse o desenvolvimento da doutrina, a Igreja jamais poderia orientar os fiéis de hoje a respeito dessa questão nem sobre centenas de outros problemas que não existiam nos primórdios da Igreja. Na falta de uma doutrina segura, a religião viraria um "cada um por si", e cada um faria o que desse na telha ou teríamos uma disputa de opiniões. Isso estaria muito distante do que Jesus ensinou!

Ao contrário do que muita gente pensa, **os Apóstolos não saíram de Pentecostes sabendo tudo sobre os mistérios da fé**. Muitas doutrinas foram ficando claras aos poucos, por meio da ação direta do Espírito Santo e das decisões tomadas em conjunto após reuniões e debates das lideranças da Igreja.

Isso fica evidente no livro dos Atos dos Apóstolos. São Pedro conservava muitas práticas da tradição judaica, entre elas, a proibição de entrar na casa de pagãos, que eram tidos como "impuros", mas mudou de atitude somente depois que o Espírito Santo lhe revelou que "nenhum homem deve ser considerado profano ou impuro" (At 10,28).

Outro episódio dos Atos mostra bem a questão do desenvolvimento da doutrina: o Concílio de Jerusalém. Essa foi a primeira reunião entre as principais lideranças cristãs (como Pedro, Paulo e André), para discutir se os pagãos convertidos ao cristianismo deveriam seguir a lei de Moisés, o que incluía a obrigação da circuncisão (entre outras práticas). A resposta para esse problema estava implícita em diversos ensinamentos de Jesus; porém, as palavras do Mestre ainda precisavam ser mais bem entendidas para se chegar a uma interpretação correta sobre o assunto.

Desse modo, desenvolveu-se a doutrina sobre a não obrigatoriedade do seguimento da lei mosaica pelos gentios, fundamentada no Sagrado Magistério de Pedro e dos demais Apóstolos (cujos sucessores são os bispos da Igreja). Não foi algo que os Apóstolos inventaram, como uma doutrina humana que veio se somar aos ensinamentos de Jesus. Não! A nova disciplina foi estabelecida em uma base de total fidelidade à mensagem da Boa-nova.

Da mesma forma, **assim aconteceu com a doutrina da Imaculada Conceição de Maria: ela estava implícita na Bíblia e em muitos escritos da Igreja primitiva** – especialmente naqueles que conectavam Maria a Eva. O entendimento sobre essa verdade foi se tornando mais claro com o passar dos séculos, até se tornar uma certeza de fé.

No Ocidente, a opinião de que Maria jamais havia cometido nenhum pecado era unânime entre os autores patrísticos. Mas no Oriente, até o século IV, alguns dos Pais da Igreja chegavam a afirmar que Maria tinha cometido pecados veniais, como São João Crisóstomo, Orígenes, São Basílio e São Cirilo de Alexandria.[31]

Isso pode ser desconcertante para muitos devotos de hoje, pois até mesmo entre os católicos mais pecadores é difícil encontrar algum que ouse dizer tal coisa sobre a Virgem de Nazaré. Porém, essa realidade mostra como até mesmo os maiores teólogos e santos são humanamente limitados, inclusive em sua capacidade de entender os mistérios de Deus.

São João Crisóstomo (século IV) acusou a Virgem de ser inconveniente e de pecar por vaidade (Homilia 44, *Sobre o Evangelho de Mateus*). Na visão dele, ao tentar interromper uma pregação de Jesus (em Mt 12,46-50), Maria estava desejando mostrar às pessoas que tinha poder e autoridade sobre Ele.

---

31 Ludwig Ott, 1954, p. 203.

Comentando o primeiro milagre público de Jesus nas Bodas de Caná, Santo Irineu de Lyon (século II) foi um pouco mais sutil – mas também foi descortês com a figura de Maria. Ele não chegou a ver pecado na Virgem, mas entendeu que ela havia agido de forma apressada e inoportuna quando incitou o Filho a transformar a água em vinho (*Contra as Heresias*, Livro III, Capítulo 16, ponto 7).

No meio de todas essas interpretações descabidas, a **comparação de Maria com Eva** já estava amplamente presente, desde os primórdios da Igreja. Assim como São Paulo se refere a Jesus como o novo Adão (I Co 15,45), os padres viram perfeita lógica em falar da nova Eva.

O mais antigo texto dos Pais da Igreja que fala sobre a profunda conexão entre Eva e Maria foi escrito no século II, por São Justino Mártir. Em sua obra *Diálogo com Trifon*, Justino diz que Eva era incorrupta (sem pecado), mas seguiu a serpente e acabou gerando a morte para todos. Em vez disso, Maria acolheu com fé e alegria tudo o que Deus lhe ordenou.[32]

Ainda no século II, Santo Irineu (que citamos há poucas linhas) concluiu que, assim como foi necessário um "novo Adão" – Jesus Cristo – para redimir os erros do primeiro Adão, também foi necessária uma "nova Eva", que em seu caminho de obediência viesse restaurar o mal causado pela desobediência da primeira Eva.[33]

A nova Eva a que ele se referia, obviamente, era Maria de Nazaré. É importante notar que Irineu era amigo de São Policarpo, que por sua vez fora discípulo de São João Apóstolo. Suas opiniões, portanto, embora não sejam infalíveis, têm grande

---

32 José Cristo Rey Garcia Paredes, 1995, p. 206.

33 Ibid., p. 207.

peso, levando em conta que Santo Irineu teve contato direto e estreito com alguém que ouviu as pregações de um Apóstolo.

A reflexão sobre os pontos em comum e os contrastes entre a primeira e a nova Eva continuou a ser registrada nos escritos patrísticos dos séculos posteriores:

- no século III, aparece nos escritos de Tertuliano;
- no século IV, está nos textos de Epifânio de Salamina,[34] Santo Efrém da Síria,[35] São Gregório de Nissa[36] e São Jerônimo;[37]
- no século V, se expressa por meio de Santo Agostinho: "Por uma mulher, a morte; por uma mulher, a vida".[38]

> Como Eva havia acreditado na serpente, Maria acreditou no anjo. A delinquência que aquela ocasionou ao crer, a outra apagou pela sua fé. Mas (será dito) Eva não concebeu a palavra do diabo em seu ventre. Bem, em todos os eventos, ela concebeu isso; pois a palavra do diabo depois se tornou como uma semente para ela, que viria a conceber como um pária, e dar à luz em tristeza. De fato, ela deu à luz um diabo fratricida [Caim]; enquanto Maria, ao contrário, trouxe alguém que um dia viria a garantir a salvação a Israel...[39]
>
> Tertuliano, *Sobre a Carne de Cristo*, Cap. 17

---

34 Frank Williams, 2013.
35 *Hinos sobre a Natividade*, 15, e *Homilia sobre Nosso Senhor*, 3.
36 *Homily concerning the Holy Mother of God*, 1.
37 *Epístola* 22,21.
38 Philip Boyce, 2001, p. 219.
39 Sarah Jane Boss, 2007, p. 88.

Apesar de compreenderem a conexão entre Eva e Maria, em nenhum momento os Pais da Igreja avançaram até o fato de reconhecer esse ponto em comum entre ambas: assim como Eva foi criada por Deus em estado de total perfeição – sem pecado original, portanto –, Maria também o foi.

Santo Efrém vai um tanto além e "bate na trave" quando afirma que somente Maria e Jesus são belos em todos os aspectos, pois em Cristo "não há defeito, nem mancha em tua Mãe".[40] Mas é um comentário breve, e ele não expande a análise da questão.

Ainda que de modo incompleto, Santo Agostinho também se aproxima da doutrina da Imaculada Conceição. Ele concluiu que todos os homens são pecadores, com exceção da "Santa Virgem Maria, a qual, por honra do Senhor, coloco em lugar aparte quando falo do pecado".[41]

Na obra em que responde ao herege Pelágio, Santo Agostinho se limita a dizer que Maria jamais cometeu pecados pessoais, mas não chega ao ponto de defender a Imaculada Conceição. Sua crença era a de que a Virgem foi santificada pelo Espírito Santo antes de seu nascimento.[42] Para o santo africano, somente Cristo havia sido concebido sem pecado original, porque somente Ele havia entrado no ventre de uma mulher pela ação exclusiva e direta do Espírito Santo.

Ainda que jamais assumida nem abertamente pronunciada, **a doutrina da Imaculada Conceição está presente de forma velada e pulsante na patrística**. Haverá quem diga que estamos "forçando a barra" nessa afirmação. Mas basta refletir sobre a lista de pontos paralelos traçados entre ambas as "Evas",

---

40 Carmina Nisibena, 27.

41 *A natureza e a graça*, 42, 36.

42 Philip Schaff, 1891, p. 418-419.

que o raciocínio inevitavelmente fluirá para a conclusão de que Maria foi criada livre de todo pecado, assim como Eva o foi.

O quadro a seguir apresenta o paralelismo traçado entre Eva e Maria pelos Pais da Igreja (apenas o último ponto, que afirma a Imaculada Conceição, não é conteúdo da patrística, mas é o seu desenvolvimento lógico):

A primeira Eva	A segunda Eva
Seduzida pelas palavras da serpente, duvidou de Deus	Evangelizada pelas palavras do anjo, acreditou em Deus
Foi "ferida" pela serpente no calcanhar	Esmagou a serpente sob seus pés
Desobedeceu a Deus	Foi sempre obediente a Deus
Por meio dela, a morte entrou no mundo	Por meio dela, o autor da Vida veio ao mundo
Deu à luz um fratricida (Caim)	Deu à luz o Salvador
Foi criada sem pecado original, mas caiu	Foi criada sem pecado original, e se manteve fiel até o fim

"O PRIMEIRO HOMEM, ADÃO, FOI FEITO ALMA VIVENTE; O SEGUNDO ADÃO É ESPÍRITO VIVIFICANTE." (I COR 15,45)

"POR TER A SERPENTE FERIDO O CALCANHAR DE EVA, O PÉ DE MARIA A ESMAGOU." (EFRÉM DA SÍRIA)

Foi apenas a partir do século XII que a Imaculada Conceição de Maria começou a ser defendida de forma explícita. No Ocidente, o primeiro a levantar a voz nessa direção foi um monge britânico chamado Eadmer, discípulo de Santo Anselmo de Canterbury.

Pouco tempo depois, por volta do ano 1140, ao ver que a festa litúrgica para a celebração da Imaculada foi introduzida em Lyon, São Bernardo de Claraval a reprovou. Para ele, tratava-se de uma novidade infundada.

Maria tinha herdado, sim, o pecado original – dizia Bernardo; porém, fora santificada antes de nascer, enquanto estava no seio materno. Essa tese influenciou os principais teólogos dos séculos XII e XIII (em especial, Pedro Lombardo, Alexandre de Hales, Boaventura e Alberto Magno), que se posicionaram contrários à doutrina da Imaculada.[43]

Por que esses homens sábios se recusavam a reconhecer Maria como imaculada? O ponto de dificuldade era compreensível: se a doutrina católica ensina que toda a humanidade tem necessidade de redenção, não é possível que ninguém, nem mesmo A Virgem Maria, não tenha necessidade da redenção que Cristo doou a todos por meio da Cruz.

Essa objeção caiu por terra no século XIII, a partir do momento em que outros homens sábios vieram, mostrando-se capazes de ver a questão de forma correta e de solucionar o problema de forma convincente. Esses homens foram o teólogo franciscano William de Ware e seu aluno, John Duns Scotus.

Segundo Scotus, Maria necessitou, sim, ser salva por Cristo. E isso foi feito do modo mais perfeito e maravilhoso possível: por meio da **pré-redenção**. Isso quer dizer que, **antes mesmo de existir, Maria foi previamente redimida**. É estranho, mas

---

[43] Ludwig Ott, 1954, p. 201.

é perfeitamente aceitável, quando nos damos conta do fato de que Deus pode tudo e que não está sujeito à ordem natural do tempo.[44] Deus vive fora do tempo, em um "eterno hoje"; não está preso à ordem linear de passado, presente e futuro (isso não é fácil de explicar, e é assunto para outro livro...).

A partir de então, a Festa da Imaculada Conceição de Maria foi ganhando espaço em um número de igrejas cada vez maior. Em 1439, com autoridade regional, o Concílio de Basle se declarou a favor da doutrina da Imaculada. O Papa Xisto IV não se opôs a esse movimento, e até mesmo concedeu indulgências durante a celebração da festa.

No século XVI, um decreto do Concílio de Trento – com validade para a Igreja em todo o mundo – chamou Maria de "Imaculada" e disse que ela não seria incluída na abordagem sobre o pecado original (Sessão IV, D 792). No século seguinte, os Papas Paulo V, Gregório XV e Alexandre VII defenderam que Maria foi concebida sem pecado original. Porém, isso ainda não era dogma.

A Igreja já não podia ficar em cima do muro sobre essa questão. Era preciso avaliá-la muito seriamente, para chegar a uma conclusão definitiva e fornecer uma luz para iluminar com maior segurança o caminho dos fiéis. **Pio IX, então, nomeou uma comissão de teólogos e consultou os bispos do mundo inteiro**, pedindo que comunicassem sua visão acerca da doutrina da Imaculada. Eles apoiariam ou não a sua definição como dogma? O papa queria saber.[45]

Resultado da consulta: de um total de 606 bispos, 546 responderam ser favoráveis ao estabelecimento do dogma da Imaculada Concepção. Diante de um apoio tão expressivo dos

---

44 Ibid., p. 202.

45 Papa Pio IX. *Encíclica Ubi primum*. 2 de fevereiro de 1849.

sucessores dos Apóstolos, Pio IX já não teve mais dúvidas. No dia 8 de dezembro de 1854, ele estabeleceu a doutrina da Imaculada Concepção de Maria como Dogma de Fé para toda a Igreja.

> **O que é dogma?**
>
> A doutrina da Igreja Católica repousa sobre um tripé:
>
> - a Bíblia, que contém a Revelação como Deus quis que fosse escrita;
> - a Tradição, que consiste no conteúdo oral cultivado pela primeira geração de cristãos (que inclui ensinamentos que os primeiros apóstolos ouviram do próprio Cristo);
> - e o Magistério. Este último tem a função de defender e ensinar a Revelação, registrada na Bíblia e na Tradição.
>
> Os dogmas são ferramentas do Magistério para garantir a coerência da doutrina, com base na Revelação. Os dogmas também são usados para esclarecer verdades que não estão explícitas nas Escrituras e na Tradição, mas que necessariamente precisam ser conhecidas e aceitas para que a Revelação se mantenha coerente.
>
> Sempre que uma verdade de fé é posta em dúvida por um erro de interpretação, o sucessor de Pedro (o Papa) esclarece a questão por meio de uma declaração que deve ser aceita por toda a Igreja, como ensinamento infalível e definitivo.

Naquele dia, diante de uma multidão de 50 mil pessoas, Pio IX chorou. Teve por isso de interromper o discurso por um instante, até conseguir dominar a emoção. Lembrando do momento em que proclamou o dogma, ele descreveu o que se passou em sua alma:

> ...o próprio Deus deu ao meu espírito um conhecimento tão claro e amplo da pureza incomparável da Santíssima

Virgem, me mergulhei no abismo profundo desse conhecimento, que língua alguma podia descrever, e a minha alma ficou inundada de delícias indescritíveis, de delícias que não são da Terra e que se não podem experimentar senão no Céu.

Nenhuma prosperidade, nenhuma alegria deste mundo poderia dar a menor ideia daquelas delícias; e eu não receio afirmar que o Vigário de Cristo necessitou de uma graça especial para não morrer de felicidade, sob a impressão deste conhecimento e deste sentimento da beleza incomparável de Maria Imaculada.[46]

A Virgem Maria tinha um corpo perfeitamente formado

Além da inclinação a cometer pecados, como já dissemos, o pecado original está na raiz da origem das debilidades e imperfeições físicas. Por isso, os principais teólogos católicos afirmam que Maria Imaculada tinha uma compleição corporal perfeita.

Era mais do que conveniente que fosse bem formado e pleno de saúde o corpo em que a carne do Verbo de Deus estava sendo formada. Portanto, **Maria era bela**: da ponta dos pés à cabeça, seus membros eram proporcionais e havia perfeita simetria nos traços de seu rosto.[47]

E quanto às doenças? A Mãe de Deus podia ficar doente? Ninguém pode ter certeza sobre isso, mas é opinião comum entre os mais importantes mariologistas afirmar que Maria jamais ficou doente.

---

46 Vincenzo Sardi, 1905, p. 428-430.

47 Gregorio Alastruey, 1956, p. 373-374.

Segundo o padre Alastruey, a impossibilidade de o corpo de Maria ser afetado por qualquer doença se deve a três fatores:

1. Seu corpo era perfeitamente formado, e não desenvolveu doenças de origem genética ou congênita.
2. Pela providência divina, seu corpo era resistente a sofrer com fatores externos, que pudessem agir por meio do ar infectado ou da água poluída, por exemplo.
3. Como ela não tinha culpas pessoais, não desenvolveu doenças geradas pela gula, pelo abuso da busca de prazer, pela vaidade desgovernada ou pelo desejo de fuga da realidade (por meio do álcool ou das drogas).

A santa menina entregue ao Templo

Quando completou 3 anos de idade, Maria foi entregue por seus pais ao Templo, em meio a uma procissão de donzelas. Os apócrifos relatam que, nessa ocasião, a santa menina dançou de alegria, e se seguiram outros acontecimentos fantásticos. Santa Teresinha de Lisieux, doutora da Igreja, jamais acreditou nesses exageros:

> Não seria necessário dizer coisas inverossímeis ou que não se sabe, por exemplo, que bem pequena, com três anos, a Santíssima Virgem foi ao Templo se oferecer a Deus com sentimentos ardentes de amor e muito extraordinários, quando ela talvez foi lá, muito simplesmente, para obedecer a seus pais.[48]

---

48 Pe. Pedro Teixeira Cavalcante, 1997, p. 238.

Na antiga Israel, mulheres de vida casta eram consagradas ao Templo, e lá viviam, estudavam e serviam. Isso poderia acontecer em duas fases da vida: na infância (até o tempo propício para serem prometidas em casamento) e na viuvez. Esse último foi o caso da profetisa Ana, filha de Fanuel, que o Evangelho de Lucas cita como uma das testemunhas da apresentação de Jesus no Templo (Lc 2,36-38).

Quando Maria completou 12 anos, os sacerdotes se reuniram para decidir qual seria o seu futuro. Deveriam procurar para ela um marido? A decisão foi colocada nas mãos do sacerdote-chefe, o sumo sacerdote Zacarias, futuro pai de São João Batista. Essa decisão foi crucial para a história da Sagrada Família, como veremos mais adiante no capítulo "Maria e José, uma vida em comum".

A VIDA DE JOSÉ ANTES DE MARIA

A origem de São José

Para entender a origem do pai adotivo de Jesus é preciso conhecer também a origem das Doze Tribos de Israel. Vamos lá: Abraão teve um filho chamado Isaac, que gerou Jacó, que se tornou pai de doze filhos. Cada um desses doze rapazes se tornou líder de uma tribo relativamente independente dentro da nação de Israel, e assim surgiram as doze tribos.

Foi profetizado que o Messias seria da linhagem da tribo de Judá (Gn 49,10) e descendente do rei Davi (II Sm 7,12). Como pai adotivo de Jesus, era fundamental que José estivesse de acordo com essas passagens das Escrituras – e ele estava! A Bíblia diz que **José era da casa de Davi** (Lc 1,27).

Apesar de Jesus não ser filho de sangue de São José, Ele o era pela Lei. Desse modo, pertencia legitimamente à tribo de Judá e era da linhagem real de Salomão, cumprindo as Escrituras.

Entretanto, há um aparente problema... Jesus não teria, por meio de São José, direito ao trono de Davi. Afinal, conforme a genealogia descrita no primeiro capítulo do Evangelho de São Mateus, São José era descendente de Salomão por meio do rei Conias. E sobre esse rei recaiu uma maldição: o Senhor determinou que seus descendentes jamais reinariam em Israel (Jr 22,30). O Messias, então, jamais poderia ter o sangue de Conias.

E aqui se resolve o entrave: de fato, Jesus herdou somente pela Lei a linhagem real de Salomão, e não pelo sangue. Ao mesmo tempo, herdou a linhagem sanguínea de Davi por meio de sua mãe, Maria.[49]

A carpintaria

"Não é este o filho do carpinteiro?" (Mt 13,55) – esta é a única passagem da Bíblia que nos permite saber a profissão do pai adotivo de Jesus. Por isso, São José é venerado como padroeiro dos trabalhadores.

É muito possível que Jesus tenha aprendido com seu pai esse ofício e o tenha exercido até o início de sua vida pública. Reparem que, no Evangelho de Marcos, a frase que o povo de Nazaré usou para se referir às origens de Jesus está um pouco diferente da que Mateus relatou: **"Não é ele o carpinteiro, filho de Maria...?"** (Mc 6,3). Ou seja, em Marcos, a profissão de carpinteiro relaciona-se diretamente a Jesus.

É interessante considerar o texto original da Bíblia. As palavras *naggar*, em aramaico, e *tekton*, em grego, poderiam indicar não somente as funções de carpinteiro como entendemos hoje, mas também pedreiro, ferreiro ou construtor.[50]

Com um leque tão amplo de possibilidades, fica impossível saber exatamente a que tipo de trabalho José e Jesus se dedicavam para ganhar o pão de cada dia. Tinham

---

49 Sobre Maria ser da linhagem de Davi, saiba mais em *Tratado de la Virgen Santisima*, de Gregorio Alastruey, 1956, p. 11-13; e René Laurentin, 1986, p. 342-345.

50 José Cristo Rey Garcia Paredes, 1995, p. 21-22; Daniel Rops, 1983, p. 157.

uma profissão mais humilde ou mais rentável e próspera? Não sabemos. O fato é que **São José era pobre quando se casou com Maria**, pois a oferta de um par de rolas era uma opção somente para os que não podiam fazer uma oferta mais cara (Lc 2,24).

De uma coisa, porém, estamos certos: é justo e adequado continuar cultivando a imagem de José trabalhando a madeira, tendo a seu lado o amado e pequeno aprendiz, Deus Menino!

Sobretudo, é muito edificante meditarmos sobre este fato: **até os 30 anos, Jesus trabalhou dia após dia**, como qualquer outro cidadão. O que essa realidade nos diz sobre a forma como pensamos e realizamos nosso trabalho cotidiano?

Agimos com a consciência de que o nosso trabalho tem tudo a ver com Deus, ou nosso trabalho é uma realidade alienada de nossa fé? Alguma vez você considerou que a forma como trabalha pode precipitá-lo(a) na perdição ou iluminar o seu caminho de salvação?

Viúvo idoso ou jovem noivo?

Nos escritos dos primeiros séculos e no imaginário dos católicos em geral, era dominante a ideia de que o pai adotivo de Jesus era já idoso quando ficou noivo de Maria. Isso tem origem sobretudo nos relatos de Evangelhos apócrifos.

O principal é o *Protoevangelho de Tiago*, em que um diálogo mostra São José receoso de aceitar a ideia do noivado. Viúvo e com filhos do primeiro casamento, temia que a grande diferença de idade entre Maria e ele o tornasse alvo da zombaria popular. Como já explicamos antes, embora comunique sagradas verdades, esse texto apócrifo não é confiável em todo o seu conteúdo.

A narrativa do "José idoso" influenciou bastante a arte cristã, como se pode ver nas numerosas imagens do santo carpinteiro com as características físicas de um avô. Ao lado dessa corrente, havia também os artistas que apresentavam São José como um jovem cheio de vitalidade.

Alguns dos padres antigos se manifestaram em oposição à tese de que o padroeiro dos carpinteiros era velho, viúvo, e tinha filhos de seu primeiro casamento. O mais célebre foi São Jerônimo (séculos IV e V), que defendia ainda que São José se casou virgem. No século XIII, Santo Tomás de Aquino seguiria a mesma linha de São Jerônimo.[51]

Santo Epifânio de Salamina (século IV) não se contentou somente em descrever São José como ancião: se empolgou na narrativa e estabeleceu que ele tinha mais de 80 anos (!!!) quando ficou noivo de Maria. Os apócrifos, por sua vez, diziam que José tinha 70 anos.

A suposição de Epifânio nos parece sem pé nem cabeça, já que contraria a tradição rabínica vigente naqueles tempos: "a sabedoria dos rabinos fornecia aos pais excelentes conselhos: não era prudente casar uma jovenzinha com um velho".[52] Como bem ponderou o escritor Guillermo Pons Pons, **em vez de proteger a honra de Maria, o casamento com um homem tão velho poderia ter o efeito contrário**: algumas pessoas do povo poderiam duvidar que um homem assim tão velho fosse mesmo o pai de Jesus.[53]

---

51 Gregorio Alastruey, 1956, p. 469-470.

52 Daniel Rops, 1983, p. 83.

53 Epifanio el Monje, 2011, p. 56-57.

Considere também que, naqueles tempos, a expectativa de vida da população era bem menor do que a de hoje. E se a pessoa era pobre, como São José, essa expectativa caía mais ainda. **Colocando Maria sob os cuidados de um idoso, os sacerdotes estariam expondo-a ao risco de se tornar viúva em breve** (o que era uma situação de grave desassistência social). Essa teria sido uma escolha provável e prudente?

"Que conceda aos jovens — porque ele era jovem — a capacidade de sonhar, de arriscar e de cumprir as tarefas difíceis que viram nos sonhos":[54] assim se referiu o Papa Francisco a São José, revelando sua opinião acerca do assunto.

Talvez o mais belo e convincente discurso a favor da juventude de São José seja aquele apresentado por um santo de nossos tempos, São Josemaría Escrivá. Ele alega que o apego à imagem de um José idoso é apenas um reflexo da descrença na possibilidade de um homem jovem respeitar a castidade de uma moça que vive sob seus cuidados.

Se concordarmos com isso, podemos entender que a imagem do "José velho" é a única convincente para aqueles que projetam as próprias fraquezas sobre todos os demais seres humanos, pensando: "Eu não sou capaz de agir de tal modo, então duvido que outra pessoa tenha essa capacidade".

> Não estou de acordo com a forma clássica de representar São José como um ancião, ainda que com isso se tenha tido a boa intenção de ressaltar a perpétua virgindade de Maria. Eu imagino-o jovem, forte, talvez com alguns anos mais do que a Virgem, mas na plenitude da vida e do vigor humano.

---

54 Papa Francisco. *Meditações Matutinas na Santa Missa celebrada na capela da Casa Santa Marta*. 20 de mar. de 2017.

Para viver a virtude da castidade, não é preciso esperar pela velhice ou pelo termo das energias. A castidade nasce do amor e, para um amor limpo, nem a robustez nem a alegria da juventude representam qualquer obstáculo. Jovem era o coração e o corpo de São José quando contraiu matrimônio com Maria, quando soube do mistério da sua Maternidade divina, quando viveu junto Dela respeitando a integridade que Deus queria oferecer ao mundo, como um sinal mais da sua vinda às criaturas. Quem não for capaz de entender um amor assim, é porque conhece muito mal o verdadeiro amor e desconhece por completo o sentido cristão da castidade.

São Josemaria Escrivá. *É Cristo que passa – Homilias.* São Paulo: Quadrante, 2018, cap.5, p. 40.

O nosso representante na Sagrada Família

São José não foi poupado de receber a herança do pecado original em sua concepção. Na Bíblia, aparece pouco e não há sequer uma frase sua. Em certo momento, Cristo se apresentou para ele, mas de maneira tão inusitada e em meio a tantas dificuldades que talvez ele tenha pensado em desistir, mas teve imensa simplicidade e fidelidade para trilhar os caminhos de Deus, mesmo tendo de superar muitos obstáculos, incluindo a si mesmo.

Notou alguma semelhança com a sua própria história? Talvez seja interessante olhar para ele como **o seu representante na Sagrada Família**. Afinal, Nossa Senhora teve a graça de ser concebida e nascer sem o pecado original, Cristo é Deus... Mas São José era igual a você!

Claro que ele planejava ter uma esposa, filhos e uma vida normal, em que trabalharia durante o dia e chegaria em casa ao final da tarde para ficar com sua família. Não imaginava desposar uma mulher grávida, não imaginava fugir para proteger a sua família e, com certeza, não imaginava ter que abraçar a imensa responsabilidade de criar o Filho de Deus, o Messias tão esperado por todos.

> Este Evangelho mostra-nos toda a grandeza de alma de são José. Ele estava a seguir um bom projeto de vida, mas Deus reservava para ele outro desígnio, uma missão maior. José era um homem que ouvia sempre a voz de Deus, profundamente sensível ao seu desejo secreto, um homem atento às mensagens que lhe chegavam do fundo do coração e das alturas. Não se obstinou em perseguir aquele seu projeto de vida, não permitiu que o rancor lhe envenenasse a alma, mas esteve pronto para se pôr à disposição da novidade que, de

> forma desconcertante, lhe se apresentava. (...) E assim, José tornou-se ainda mais livre e grande. Aceitando-se segundo o desígnio do Senhor, José encontra-se plenamente a si mesmo, para além de si. Esta sua liberdade de renunciar ao que é seu, à posse da sua própria existência, e esta sua plena disponibilidade interior à vontade de Deus, nos interpelam e mostram o caminho.[55]
>
> Papa Francisco

São José tinha um projeto para sua vida e, em algum momento, teve de encarar o fato de que **o plano de Deus não combinava com seus planos**. Isso parece familiar? Com toda a certeza isso já aconteceu com cada um de nós! Mas quando isso aconteceu, o que fizemos? Aderimos ao plano de Deus ou ficamos rancorosos e envenenados, lamentando por não conseguirmos realizar nossos sonhos?

O Papa Francisco fala que **São José se tornou mais livre e grande ao aderir ao plano de Deus**. Perceba que José não fez o que queria, e assim se tornou mais livre! O pecado original sempre nos dá a tentação de acharmos que ser livre é não pertencer a nada nem ninguém; que a melhor opção é ter o controle sobre a nossa vida (como se isso fosse realmente possível), sem deixar ninguém se sobrepor à nossa vontade – nem mesmo Deus.

Essa é a tentação da autossuficiência, que levou Adão e Eva à queda pela soberba. Eles queriam ter conhecimento suficiente para poderem dispensar a soberania de Deus sobre suas vidas. Sabendo de tudo, bastaria que seguissem as próprias ideias. O diabo garantiu que, comendo o fruto proibido, Adão e Eva alcançariam essa "vantajosa" independência e

---

[55] Papa Francisco. *Angelus*. 22 de dez. de 2013.

seriam donos de si: "Mas Deus bem sabe que, no dia em que dele comerdes, vossos olhos se abrirão, e sereis como deuses, conhecedores do bem e do mal" (Gn 3,5).

Isso é uma ilusão... Pois sempre seguimos alguém, sempre pertencemos a algo. **Quem não adora a Deus, acaba adorando as coisas ou as criaturas finitas:** o namorado ou namorada, a esposa ou o marido, o dinheiro, a carreira, a vaidade desmedida com a beleza do corpo, entre tantos outros ídolos.

Por que não seguir a Deus e pertencer a Ele? Há outro modo de ser realmente livre? Quantas vezes nos agarramos aos nossos planos, tentando fazer com que prevaleçam? Quantas vezes viramos as costas para os planos de Deus porque achamos tudo muito difícil? Quantas vezes ficamos confusos com a realidade e não enxergamos o que Deus quer de nós?

Olhemos para São José, que não foi poupado do pecado original, nem das dificuldades. Aderiu fielmente aos planos de Deus e serviu como instrumento humilde, porém fundamental, da salvação de todos nós.

O maior dos santos depois da Virgem Maria

Qual o maior dos santos depois da Santíssima Mãe de Jesus Cristo? A Igreja Católica não fechou questão sobre esse assunto, porém são muitos os teólogos e fiéis que creem que esse posto é do glorioso São José.

Alguns podem argumentar que Jesus revelou que "entre os nascidos de mulher não há maior que João" (Lc 7,28). Mas Ele estava se referindo às pessoas vivas sobre a Terra, pois, em seguida, complementa: "Entretanto, o menor no Reino de Deus é maior do que ele".

A crença na supremacia espiritual de São José sobre todos os demais santos ganhou força a partir do século XIV, e foi aceita por Santa Teresa D'Ávila, São Francisco de Sales e Santo Afonso Maria de Ligório. Isso também foi defendido pelo Papa Leão XIII, que publicou uma encíclica afirmando que São José, mais do que ninguém, se aproximou da santidade de Maria.[56]

São José foi santificado no ventre de sua mãe?

A Bíblia nos revela que dois profetas, por sua missão especialmente difícil e importante, foram abençoados e santificados por Deus quando ainda estavam no ventre de suas mães: Jeremias (Jr 1,5) e João Batista (Lc 2,41-44). Não é à toa que Jesus disse ser João o maior dos homens (Lc 7,28). Ele só não era maior do que aqueles que já estavam no Reino de Deus – ou seja, as pessoas justas já falecidas.

Conforme vemos, o Senhor concede graças especiais a seus santos, conforme a dignidade e a complexidade de sua missão. Sendo assim, Deus haveria de prover a Seu Filho um pai adotivo menos privilegiado espiritualmente do que dois de seus profetas?

Jeremias nunca viu Jesus, e foi consagrado na gestação. João não se achava digno de desamarrar as sandálias de seu primo e foi santificado no ventre de Isabel. Agora, pense na missão de José, que carregou Jesus no colo e conviveu sob o mesmo teto com Ele por anos, dia após dia! O Menino Jesus era submisso a José!

Além disso, São José foi o protetor e companheiro da mais pura das virgens. Não seria razoável supor que um

---

56 Papa Leão XIII. *Encíclica Quamquam pluries*. 15 de ago. de 1889.

homem com tamanha responsabilidade tivesse recebido uma graça santificante similar a daqueles profetas? As Escrituras não respondem a essa pergunta, nem os escritos da Tradição dizem nada a respeito.

Porém, muitos santos e teólogos de grande brilho defenderam que São José, tendo sido concebido com o pecado original, ficou livre da mancha desse pecado antes mesmo de nascer. O primeiro a defender essa ideia foi Jean Gerson, respeitado teólogo, durante o Concílio Ecumênico de Constança (século XV).

Segundo Gerson, ao nascer já purificado, São José não teria ficado livre da concupiscência (que é a tendência a desejar as coisas impuras, ou seja, é a semente das más intenções). Porém, ele teria a capacidade de controlar a concupiscência com maior vigor.[57]

Essa doutrina não é defendida pela Igreja, mas também não é condenada. Isso significa que os católicos ficam livres para crer no que lhes parecer mais plausível.

---

57 Jane Dempsey Douglass, 1989, p. 198-199.

Maria e José,
uma vida em comum

Prometidos em casamento

Uma das imagens mais frequentes que representam São José é aquela em que ele segura um bastão, de onde brotam lírios brancos. Nas igrejas católicas e ortodoxas do Oriente, de liturgia bizantina, já no século IX se celebrava a "Festa de São José", em que um dos hinos cantados citava o florescimento da vara do guardião da Sagrada Família.

Mais uma vez, relatos apócrifos são a fonte dessa tradição, em especial, o *Libellus de Nativitate Sanctae Mariae*, "Livro do Nascimento de Santa Maria".[58]

Conta-se que o sumo sacerdote Zacarias reuniu diante de si vários homens do povoado. Cada um deles deveria trazer uma vara; esse objeto seria usado por Deus para indicar quem deveria ser o noivo de Maria.

Zacarias tomou a vara de cada um deles e colocou-as sobre o altar do Templo. Enquanto todos oravam, o bastão de São José floresceu – eis o esperado sinal de Deus! José era um pobre carpinteiro e tinha cerca de 70 anos (como já vimos, essa idade é bastante contestável).

---

58 Epifanio el Monje, 2011, p. 60.

A piedade popular viu nesse relato o cumprimento da profecia de Isaías sobre o renovo que deveria brotar do **tronco de Jessé**, ou seja, Jesus, o rebento que seria "posto como estandarte para os povos".

> Um renovo sairá do tronco de Jessé, e um rebento brotará de suas raízes. Sobre ele repousará o Espírito do Senhor, Espírito de sabedoria e de entendimento, Espírito de prudência e de coragem, Espírito de ciência e de temor do Senhor. Sua alegria se encontrará no temor do Senhor. Ele não julgará pelas aparências, e não decidirá pelo que ouvir dizer; mas julgará os fracos com equidade, fará justiça aos pobres da terra, ferirá o homem impetuoso com uma sentença de sua boca, e com o sopro dos seus lábios fará morrer o ímpio (Is 11,1-4).

O anúncio angélico: "Alegra-te, Maria!"

A habitual saudação judaica era *shalom* – a paz esteja contigo. Mas, ao saudar a jovem Maria, a primeira palavra dita pelo anjo não foi um voto de paz, e sim um chamado à alegria: **"Alegra-te, Maria!"**.

Como o Evangelho de Lucas foi escrito em grego, esse autor sagrado descreve a saudação do anjo usando a palavra grega *khaire*, que pode tranquilamente ser traduzida por "Ave". Entretanto, seu significado mais exato é "alegra-te".[59]

Mais tarde, na passagem sobre a noite de Natal, a mesma palavra voltará a aparecer, na mensagem do anjo aos pastores: "Eis que vos anuncio uma grande alegria" (Lc 2,10). E também

---

59 Bento XVI. *A infância de Jesus*. p. 30.

quando os discípulos encontraram Jesus Ressuscitado e "ficaram cheios de alegria por verem o Senhor" (Jo 20,20).

Esse detalhe é muito significativo, diante de um mundo que acusa o cristianismo de ser uma religião focada na tristeza e no sofrimento. Essa ideia, divulgada especialmente por uma significativa parcela da classe intelectual (e também muito presente em filmes e outros conteúdos de cultura ou entretenimento), expressa preconceito e superficialidade.

O autêntico cristianismo é, antes de tudo, um convite à alegria. Uma alegria profunda e elevada, que não rejeita a cruz, a penitência, a renúncia à busca pelo prazer vazio e desregrado. Uma alegria que se mantém mesmo em meio às lágrimas, porque é filha da esperança, guardada a sete chaves no coração de quem sabe que a realização plena não está neste mundo, mas no outro, quando os remidos estarão face a face com Deus.

A reação de Maria diante da saudação do anjo

É interessante nos determos sobre a reação imediata da Virgem Maria, quando o Anjo Gabriel lhe apareceu e anunciou que ela daria à luz um filho. Há dois pontos nesse primeiro capítulo do Evangelho de Lucas que desejamos destacar e que às vezes podem passar desapercebidos...

Maria primeiro se assustou – o que mostra que ela, muito provavelmente, não era dada a ter visões do mundo sobrenatural. O fato de ela ser eleita e predestinada a ser Mãe do Salvador não havia afetado, até aquele momento, a sua rotina, que era como a de qualquer moça judia.

Depois, Maria questionou a hipótese de gravidez, que lhe parecia bem estranha: "Como se fará isso, pois não conheço homem?" (Lc 1,34). Maria não descartou aquela profecia como impossível; e não duvidou, como fez Zacarias, ao ser informado de que teria um filho na velhice, mas apenas se pôs a refletir sinceramente sobre o significado de tudo aquilo.

A resposta do anjo e o resto da história, talvez você já saiba. Gabriel não respondeu: "Você não tem que perguntar nada, só aceitar! Não está vendo que eu sou enviado de Deus!?". Não, não foi assim!

O anjo falou da ação do Espírito Santo, da sombra do Altíssimo que a cobriria, que não seria um menino comum, mas sim o Filho de Deus, que para Deus era facílimo desenrolar esses milagres de gestação... Gabriel foi muito preciso e convincente ao apresentar um argumento teológico (a Onipotência divina) e a evidência material mais próxima à realidade de Maria: a gravidez totalmente inesperada da idosa prima Isabel, que sempre fora estéril.

Não é pecado questionar, desde que a raiz da dúvida seja a busca sincera e aberta pela verdade, e não o fechamento do coração e da mente em frágeis convicções. Veja o contraste neste paralelo: enquanto Zacarias foi punido por Deus por sua incredulidade sobre o anúncio que teria um filho (ficou temporariamente mudo), Maria obteve uma resposta gentil e favorável do anjo.

Há pessoas que duvidam porque têm medo do que é novo; mas nem sempre é assim. Esse entendimento é essencial: o questionamento que nasce da busca sincera da verdade é bem diferente da dúvida irracional, orgulhosa ou empedernida.

Muitos católicos ainda estão longe de entender a **relação vital entre fé e razão** (e precisam ler a encíclica *Fides et Ratio*, de São João Paulo II). Eles nutrem a estranha convicção de que Jesus fica ofendidíssimo se a pessoa que está tendo os seus primeiros contatos com a doutrina católica não adere de forma automática, imediata e irrefletida a todos os ensinamentos da religião.

Deus está ACIMA da lógica humana, não CONTRA a lógica humana. Os mistérios divinos ultrapassam em muito a nossa limitada razão, mas até certo ponto as coisas espirituais apresentam uma razoabilidade que é acessível ao nosso raciocínio.

Vamos voltar à pergunta de Maria: "Como se fará isso, pois não conheço homem?". Essa objeção nos deixa um pouco confusos, já que, mesmo sendo virgem, ela sabia que se casaria em um futuro breve – e, no casamento, é natural que marido e mulher "se conheçam", ou seja, consumem a união carnalmente.

Como explicar essa passagem? Como entender a situação ambígua de uma mulher que, ao mesmo tempo que está comprometida em se casar com um homem, parece indicar que tem a intenção de permanecer sempre virgem?

Desde Santo Agostinho, muitos autores ensinam que a explicação está no fato de que Maria já havia acordado com São José que eles viveriam como irmãos após o casamento. Ela teria feito um voto de castidade perpétua, e o noivado seria apenas uma necessária proteção social para a sua condição feminina – já que, naqueles tempos, as mulheres precisavam ser sustentadas por algum parente do sexo masculino.

Grandes nomes como Santo Ambrósio, São Bernardo de Claraval e o Papa Bento XIV concordaram com o santo bispo de Hipona e reforçaram a crença na existência do voto de castidade perpétua de Maria.[60]

---

60 Gregorio Alastruey, 1956, p. 478-479.

Bento XVI, no entanto, descarta essa explicação. Ele afirma que no mundo judeu não havia o costume de se fazer voto perene de castidade. A tese de Agostinho, portanto, seria impensável naquele contexto.[61]

Então, há alguma interpretação segura e convincente? Segundo Bento XVI, não: a frase de Maria permanece um enigma. Entretanto, o Padre René Laurentin, um dos mais célebres mariologistas, apresenta outra visão: nos tempos de Maria e até mesmo séculos antes, mesmo não sendo algo muito comum na tradição judaica, sempre houve pessoas que viviam em constante celibato, como o profeta Jeremias (Jr 16,2). Entre os essênios, sobretudo, isso era comum. Portanto, a objeção apresentada por Bento XVI é bastante relativa.[62]

Seja como for, tudo o que se sabe é que, por razões que não compreendemos, a jovem Maria não considerava possível se tornar mãe por meio da relação conjugal, e o anjo confirma que a concepção do Filho do Altíssimo se dará somente por meio da ação do Espírito Santo.

O "sim" de Maria

A partir destas palavras a Salvação entrou no mundo: "Eis aqui a serva do Senhor. Faça-se em mim segundo a tua palavra" (Lc 1,38). Maria mostrou-se uma mulher de fé e obediente, mas não só naquele momento: "Aquele 'sim' foi o primeiro passo de uma longa lista de obediências – longa lista de obediências! – que acompanharão todo o seu itinerário de mãe".[63]

---

61 Bento XVI. *Infância de Jesus.* p. 36.

62 René Laurentin, 1986, p. 417-418.

63 Papa Francisco. *Audiência geral.* 3 de maio de 2017.

Todo cristão deve pedir a Deus para ser capaz de ser fiel ao "sim" que um dia deu ao Senhor. Pois quantas vezes traímos o nosso "sim"! Cada vez que optamos pelo pecado, desonramos o "sim" dado pelos nossos padrinhos diante da pia batismal; não levamos a sério o "sim" proferido na cerimônia do Crisma ("sim, eu renuncio a Satanás e a todas as suas seduções"); jogamos na lixeira o "sim" dado à pessoa amada, na celebração do matrimônio, ou à vocação religiosa, ao proferir os votos.

Apesar de tantas traições, ainda que envergonhados e de mãos vazias, não podemos deixar de dizer como Pedro: "Sim, Senhor, tu sabes que te amo!" (Jo 21,16). O Senhor tem misericórdia e está sempre pronto a lavar as culpas e a renovar o coração de quem sinceramente deseja mudar de vida.

Ao se colocar completamente disponível para que a vontade de Deus se realizasse em sua vida, Maria também se fez bem pequena: "Eis aqui a serva do Senhor". No texto original, escrito em grego, a palavra não é serva, mas sim "escrava" (*doule kyriou*).

Note bem esse comportamento de Nossa Senhora e compare com a sensibilidade excessiva de muitos devotos, que se recusam a se apresentar como "coisa" ao cantarem ou recitarem a oração de consagração a Maria. A palavra lhes parece agressiva, algo que os desvaloriza. Por isso trocam "coisa" por "filho".

Assim é o verso desta antiga e tradicional oração: "... incomparável Mãe, guardai-me e defendei-me como *coisa* e propriedade vossa".

Mas muita gente insiste em ignorar o texto original, e diz assim: "...incomparável Mãe, guardai-me e defendei-me como *filho* e propriedade vossa".

Maria não hesitou em se oferecer como escrava para Deus, e foi elevada a mulher bem-aventurada por todas as gerações. Se a Virgem não se sentiu constrangida em se rebaixar diante do Senhor, porque nós, muitíssimo inferiores a ela, relutamos em fazer o mesmo? É preciso meditar sobre as palavras do Mestre: "Aquele que se exaltar será humilhado, e aquele que se humilhar será exaltado" (Mt 23,12).

Deixemos de lado esses inúteis melindres e imitemos o exemplo do filho pródigo da parábola, que não teve medo de se humilhar diante do Pai: "já não sou digno de ser chamado teu filho. Trata-me como a um dos teus empregados" (Lc 15,19). E então o Pai o elevou. Não tema se colocar como "coisa" aos pés de tão boa Senhora, para que então ela possa te honrar como um filho.

Visitação: e se a Virgem Maria batesse à sua porta?

Não deveria ser nada fácil para Isabel, uma mulher idosa, carregando o peso de uma criança em seu ventre, continuar a realizar normalmente os serviços do lar. Ainda mais se considerarmos que não havia nenhum dos eletrodomésticos que facilitam hoje a vida doméstica. Por isso, a jovem Maria teve pressa para viajar e oferecer ajuda à prima.

O momento da Visitação é uma antevisão de Pentecostes – em que Maria também estaria presente. Isso é demonstrado pelo "derramamento de carismas proféticos e de ação de graças".[64]

A Virgem bateu à porta de Isabel, entrou na casa e a cumprimentou. A presença do Salvador em seu ventre teve dois efeitos imediatos no ambiente: João Batista pulou e "Isabel ficou cheia do Espírito Santo" (Lc 1,41).

---

64 René Laurentin, 1986, p. 99.

O louvor que se segue, saído da boca de Maria, é um dos mais belos de toda a Escritura: o *Magnificat*: "Minha alma glorifica ao Senhor, meu espírito exulta de alegria em Deus, meu Salvador...". E foi então que ela profetizou que todas as gerações – ou seja, as pessoas de todos os tempos, até o dia do Juízo Final – a proclamariam "bem-aventurada".

SE UM PROTESTANTE ESTIVESSE PRESENTE NA VISITAÇÃO...

BENDITA SOIS VÓS ENTRE AS MULHERES...

Ô ISABEL, MARIA É UMA MULHER COMO QUALQUER OUTRA. DEIXA DE IDOLATRIA!

Pecadores ou justos, **os católicos cumprem essa profecia bíblica toda vez que rezam a Ave-Maria**. Paradoxalmente, muitos cristãos que jamais abriram a boca para chamar Maria de "bem-aventurada" (desviando-se, assim, do Evangelho) acusam os católicos de adorar Maria, como se ela fosse uma deusa. Essa é uma acusação preconceituosa, superficial e profundamente equivocada.

Agora, imagine... Se a Virgem Maria batesse hoje à porta de um protestante, qual seria a reação dele ao abrir a porta? Diria como Santa Isabel: "Donde me vem esta honra de vir a mim a mãe de meu Senhor?", ou, por medo de cometer o terrível pecado da "mariolatria", a trataria como uma mulher comum?

A grandeza de Maria é muito inferior à de Deus

Em seu *Tratado da Verdadeira Devoção à Santíssima Virgem Maria* – uma obra aprovada por vários papas –, São Luís Maria diz: "Com toda a Igreja confesso que Maria, não sendo mais que uma simples criatura saída das mãos do Altíssimo, é menor que um átomo, ou antes, não é nada em comparação com a sua majestade infinita, visto que só Deus é 'Aquele que é'" (Cap. I, 14).

No ponto seguinte, São Luís continua explicando que o Senhor, "bastando-se a si mesmo, não teve nem tem absoluta necessidade da Santíssima Virgem para o cumprimento dos Seus desígnios e para a manifestação da sua glória". Deus não tinha necessidade, mas Ele *quis* precisar de Maria.

No entanto, supostas as coisas como são, tendo Deus querido começar e acabar as suas maiores obras pela Virgem Santíssima depois de a formar, digo que é de crer que não mudará de procedimento em todos os séculos (Rm 11,29). Ele é Deus e não muda nem nos Seus sentimentos nem na Sua conduta.[65]

O maior acontecimento da História da Humanidade foi o Mistério da Encarnação. Deus que se fez Homem! Para realizar essa maravilha, Deus não precisaria de ninguém. Mas Ele QUIS PRECISAR de Maria para, POR MEIO DELA, doar a sua maior graça ao mundo: o Seu próprio Filho, que é Deus com Ele.

Mãe de Deus e filha do seu Filho

No último capítulo do Apocalipse, Deus diz: "Eu sou o Alfa e o Ômega, o Primeiro e o Último, o Começo e o Fim" (Ap 22,13). Isso significa que Ele existe desde sempre, que ninguém o criou. Nas Escrituras vemos que Jesus é "Sem pai, sem mãe, sem genealogia, a sua vida não tem começo nem fim" (Hb 7,3).

Diante dessa verdade, não seria absurdo dizer que o Deus eterno tem uma mãe? Sabemos que toda mãe existe antes de seus filhos. Se a Segunda Pessoa da Santíssima Trindade existia desde sempre, muito antes de Maria existir, como ela poderia ser Sua Mãe?

Com base nesses questionamentos, a partir do século V, o título "Mãe de Deus" provocou muitas discussões e controvérsias. Tudo começou com a oposição pública do monge

---

65 São Luís Maria Grignion de Montfort. *Tratado da verdadeira devoção à Santíssima Virgem Maria*. Anápolis: Fraternidade Arca de Maria, 2002, p. 27. Esse "Tratado" foi aprovado formalmente por Pio IX, em 12 de maio de 1853. O Papa declarou que o livro era isento de erro, e assim também fizeram diversos outros papas, posteriormente.

Nestório à doutrina da maternidade divina de Maria. Cirilo, o patriarca de Alexandria, o acusou de heresia – ou seja, de pregar uma doutrina falsamente cristã, pervertendo o conteúdo da fé.

Patriarca de Constantinopla, Nestório dizia que Maria deveria ser chamada apenas de "Mãe de Jesus". Ele entendia que a Virgem era mãe do *homem* Jesus, mas não era mãe da *Segunda Pessoa da Santíssima Trindade* – como se Cristo pudesse ser tratado como dois seres de naturezas completamente separadas!

Com o consentimento do Papa São Celestino, Cirilo desafiou Nestório abertamente no ano 429. Dois anos depois, durante o Concílio Ecumênico de Éfeso, Nestório foi convocado, mas não compareceu. Cerca de duzentos bispos examinaram e debateram sobre sua doutrina, e concluíram com a condenação oficial de suas ideias heréticas.

Havia uma multidão agitada ao redor do local de reunião do Concílio. A decisão final dos bispos trouxe grande alívio e uma explosão de alegria. Conta-se que, durante os debates, o povo, armado de porretes, como uma torcida organizada, gritava sem cessar: "*Theotókos*" (Mãe de Deus, em grego). Se o parecer fosse contrário, dificilmente os bispos ficariam ilesos![66]

Nessa ocasião, a segunda carta de Cirilo a Nestório foi lida para os presentes. Cirilo explicou que, em Cristo, a natureza humana e a natureza divina se uniram. A diferença entre essas duas naturezas não foi destruída pela união, mas, de forma misteriosa e maravilhosa, formavam uma unidade perfeita, em um só Senhor.

---

66 Papa Francisco; Marco Pozza. *Ave Maria*. São Paulo: Planeta do Brasil, 2019, p. 73-74.

Reconhecer Maria como Mãe de Deus não significava dizer que a natureza divina de Cristo começou a existir somente a partir da Sua concepção no ventre da Virgem. Não! Pois Ele existe e foi gerado pelo Pai antes de todos os séculos. Esta é a verdade: para a nossa salvação, o Verbo assumiu a carne humana, e fez isso por meio do ventre de uma mulher.

De forma brilhante, Cirilo continua sua carta, mostrando o quanto as ideias de Nestório eram infundadas. Se levássemos a sério o pensamento de Nestório até o fim, teríamos de assumir o seguinte raciocínio estapafúrdio: quem morreu na cruz teria sido somente Jesus homem e não Jesus Deus.

Que terrível erro! Com toda a força devemos crer que quem sofreu e morreu para nos redimir de nossos pecados foi o Verbo feito carne, Jesus, verdadeiro homem e verdadeiro Deus. De fato, na Bíblia não está escrito que o Verbo se uniu à pessoa de um homem, mas sim que o Verbo de Deus se fez carne (Jo 1,14).

Sim, é verdade que Deus é onipotente e impassível, sendo impossível que Ele morra, sofra ou seja ferido. Mas essa é a sua realidade sem um corpo. Ao se fazer carne, a Segunda Pessoa da Santíssima Trindade pôde, de fato, experimentar todas essas coisas – assim como a fome, o choro, o sono...

Da mesma forma, é evidente que, no ventre de Maria, não habitou por nove meses somente a carne de Cristo, mas sim o Verbo feito carne, o Deus Encarnado. Se ela carregou Deus dentro de si, se o amamentou (ou será que alguém imagina que a natureza divina de Cristo se desprendia da Sua carne e ia "vagar" no infinito, enquanto ele mamava?), se o acompanhou por toda a vida até os pés da Cruz, ela era, sim, a Sua Mãe, a Mãe de Deus.

Não, Jesus não recebeu a origem do Seu ser divino de Maria, pois a criatura não pode gerar o Criador. Mas o corpo

Sagrado de Cristo foi formado nela e dela saiu – Seu corpo unido de forma perfeita à Sua divindade.

Pois ao assumir a carne, a Segunda Pessoa da Santíssima Trindade permaneceu a ser o que era, ou seja, não deixou de Ser Deus. Se Jesus é Deus, é simplesmente uma aberração intelectual reconhecer que Maria é Mãe de Jesus e, ao mesmo tempo, negar que Maria é Mãe de Deus.

Como sempre, os grandes artistas traduzem as verdades divinas e humanas e de forma única. O poeta Dante Alighieri, no último canto da *Divina Comédia*, colocou nos lábios de São Bernardo de Claraval a oração a Maria: "Virgem Mãe, filha do teu Filho..." (Paraíso 33, vv. 1ss.).

Um sonho que mudou o curso da história

Um santo é alguém tão especial que, às vezes, até mesmo durante o sono, sua vida afeta o destino de muita gente – ou até mesmo de todo o mundo. Com São José foi assim.

O evangelista Mateus nos conta que Maria já estava comprometida com José, mas eles ainda não coabitavam, ou seja, não moravam juntos. O costume era que, assim que o noivado se estabelecia, a noiva passava um ano ainda na casa de seus pais, e ao fim desse período a celebração do matrimônio era realizada em casa.[67]

Antes que esse momento feliz acontecesse, José teve uma enorme decepção: descobriu que sua noiva estava grávida, e o filho não era dele. O santo via diante de si duas opções:

---

67 Bento XVI. *A infância de Jesus*. p. 39.

1. de acordo com a lei, deveria abandonar a noiva por meio de um ato jurídico público, expondo-a diante do tribunal; ou
2. repudiar a jovem de forma discreta, por meio de carta privada.

Elegante, humilde, generoso, dominador de si, nobre, BOM: com esse e muitos outros adjetivos podemos coroar a cabeça de São José, que decidiu romper seu noivado em segredo, para que Maria não sofresse o cruel julgamento da opinião pública – que, eventualmente, extrapolava até o ponto do apedrejamento da mulher acusada.

Vemos que o coração de José estava em grande harmonia com a misericórdia de Jesus. Em vez de apoiar o apedrejamento da mulher adúltera, o Mestre conscientizou e dispersou a multidão indignada, se recusou a condená-la e fez um convite à mudança de vida: "Vai e não peques mais" (Jo 8,11).

José não desejava a difamação da jovem que, aparentemente, tinha agido muito mal para com ele. **Ele não buscou compensar seu sofrimento com a vingança**. Essa consciência está muito distante da mentalidade machista que se reflete até mesmo entre "gente de bem", no prazer em ver uma mulher de má conduta sendo punida pela difamação ou até mesmo pela violência física.

Muita gente pensa: "Se a mulher traiu o marido, merece ser enxovalhada em público, merece ser rebaixada por todos!". De fato, o pecado do adultério é gravíssimo e conduz ao Inferno (quando não há arrependimento); mas imagine se fôssemos expostos à humilhação pública a cada pecado mortal que cometêssemos? Olhando para sua própria alma, alguém aí aprova mesmo essa ideia?

É verdade que o conceito de machismo vem sendo deturpado, manipulado e histericamente inflado por feministas; mas também é verdade que se trata de um problema sério e real, inclusive entre muitos povos católicos. A mentalidade machista foi reconhecida e denunciada por três papas: São João Paulo II,[68] Bento XVI e Francisco.[69]

> Em algumas famílias da América Latina persiste infelizmente ainda uma mentalidade machista, ignorando a novidade do cristianismo que reconhece e proclama a igual dignidade e responsabilidade da mulher em relação ao homem.[70]
>
> Bento XVI

Pensando em sua triste situação, São José adormeceu. Um anjo lhe apareceu em sonho, esclarecendo que o filho de sua noiva era obra do Espírito Santo e que ele deveria recebê-la como esposa (Mt 1,20). Nesse momento, São José é obrigado a renunciar completamente a todos os planos que tinha feito para a sua vida, para seguir o caminho que Deus estava indicando.

Talvez por influência da cultura egípcia, os judeus acreditavam que o nome dado a uma criança tinha influência na formação de seu caráter, e poderia até mesmo afetar o seu destino. Um dos episódios da Bíblia que expressam essa crença está no capítulo 35 de Gênesis. Após um parto muito complicado, já agonizante em seu leito de morte, Raquel chamou seu bebê de Benoni, que significa "filho da minha

---

68 João Paulo II. Exortação Apostólica *Familiaris Consortio*. 1981.

69 Papa Francisco. Exortação Apostólica *Evangelii Gaudium*. 2013.

70 Bento XVI. *Discurso por ocasião da V Conferência Geral do Episcopado da América Latina e do Caribe*. 2007.

dor". Jacó, porém, não queria que o filho de sua esposa tão amada fosse marcado a vida inteira pelo peso de um nome tão triste. Então trocou seu nome para Benjamim, ou seja, "filho da minha mão direita".

Como um menino judeu, naturalmente, o Filho de Maria deveria ter um nome fortemente ligado à sua missão. **Jesus (*Yeshua*, em aramaico) significa "Jeová (YHWH) salva"**. O anjo se mostrou muito atencioso com São José ao justificar esse ponto: "porás o nome de Jesus, porque ele salvará o seu povo de seus pecados" (Mt 1,21).

A SAGRADA FAMÍLIA

E os dias da gestação se completaram

César Augusto era o soberano do Império Romano quando, segundo o evangelista Lucas, José e Maria se viram obrigados a se deslocarem de Nazaré até a cidade de seus ancestrais, Belém. Era preciso atender à convocação de um censo universal do Império Romano, com fins de tributação, conduzido pelo governador da Síria, Quirino.

Historicamente, esse relato traz algumas dificuldades... Não há registro de um censo universal realizado no tempo de César Augusto, e muitos estudiosos afirmam que Quirino não era o governador da Síria naquele período.

Para complicar mais ainda, o censo mencionado por Lucas contraria tudo o que se sabe da história econômica romana: o imposto sobre a propriedade era cobrado no local pelos assessores viajantes. Portanto, não eram os proprietários que se deslocavam até o local de seus bens, e sim os coletores de impostos que viajavam até as províncias.[71]

Mas esses problemas não são insuperáveis. Alguns registros documentais indicam (ainda que sem dar certeza) que

---

71 Nicholas F. Gier, 1987, p. 145.

Quirino serviu em várias funções oficiais, e talvez até na Síria, antes de seu conhecido governo Sírio em 6 d.C.

Além disso, a evidência textual e gramatical permite outras leituras do texto de Lucas: a tradução poderia ser "Esse recenseamento foi feito antes do governo de Quirino, na Síria", em vez de "Esse recenseamento foi feito durante o governo de Quirino, na Síria". Essa é uma tradução possível, ainda que muitos a considerem improvável.

Outra solução foi apresentada pelo arqueólogo britânico William Ramsey: segundo seus estudos, Quirino foi governador da Síria em dois períodos diferentes.[72] E um desses períodos poderia ser justamente o indicado por Lucas para o nascimento de Jesus.

Também deve-se considerar que o censo era um processo que se realizava gradualmente ao longo de muitos anos (possivelmente durou cerca de doze anos na Síria). Desse modo, é impossível saber se foi Quirino quem o iniciou.

A teologia histórica de Lucas é fundamentada com excelência. Mas alguns detalhes históricos lhe escapam. O evangelista, mesmo em seu esforço de ser metódico, usou as ferramentas limitadas disponíveis em sua época, que nem sempre permitia conhecer com grande precisão os acontecimentos.[73]

A data correta do nascimento de Jesus

Todos sabemos que o ano do nascimento de Jesus – o ano I – é o marco para o início do calendário. Só que a maioria dos estudiosos, atualmente, afirma que o Salvador não

---

72 Steven L. Cox; Kendell H. Easley, 2007, p. 289.

73 René Laurentin, 1986, p. 328-329.

nasceu nesse ano. Jesus Cristo teria nascido... alguns anos "antes de Cristo"!

Ao tentar estabelecer a data do nascimento do Senhor e, assim, o ano de início da nossa contagem do tempo, o monge Dionísio, O Exíguo, errou em alguns anos no seu cálculo. Isso aconteceu no século VI.[74] Quando o engano foi descoberto, no século XIX, era tarde demais para mudar todo o nosso sistema de contagem de anos.

Durante muito tempo, foi praticamente um consenso entre os estudiosos que Jesus havia nascido no ano 4 a.C., um pouco antes da morte de Herodes. Mas nos últimos anos uma nova hipótese foi apresentada e vem ganhando força,[75] situando a morte de Herodes alguns anos mais tarde, com base em moedas cunhadas durante seu governo. A diferença seria provocada pelas dificuldades dos primeiros historiadores em conciliar o calendário civil e o religioso. Se esta última hipótese estiver correta, Jesus teria nascido realmente no ano 1 d.C.

E quanto ao dia 25 de dezembro? Foi mesmo nesse dia que Jesus nasceu?

Esta é a atual posição da Igreja sobre esse tema: a celebração do Natal no dia 25 de dezembro foi estabelecida com base em uma necessidade pastoral, e não em um fato histórico. Não seria possível determinar a data do nascimento de Jesus.

Nos primeiros séculos, os padres da Igreja sugeriram várias datas para o Natal, sendo 25 de dezembro e 6 de janeiro as datas aventadas mais frequentemente. A data de 25 de dezembro foi assumida pela liturgia católica de forma definitiva somente "no século IV, quando substituiu a festa romana do 'Sol invictus', o sol invencível. Assim foi evidenciado que

---

74 Bento XVI. *A infância de Jesus*. p. 56.

75 René Laurentin, 1986, p. 223-224.

o nascimento de Cristo é a vitória da verdadeira luz sobre as trevas do mal e do pecado".[76]

São João Paulo II, comentando a substituição da festa pagã pela festa natalina cristã, diz que a data de 25 de dezembro "é convencional", dando a entender que não se trata de uma data estabelecida com base em dados históricos.[77] Sendo assim, podemos dizer que a Igreja reconhece que Jesus pode não ter nascido em 25 de dezembro.

Mas novos estudos trouxeram outra visão sobre esse ponto, que, em um futuro breve, poderá mudar a opinião da maioria dos historiadores e, também, a posição da Igreja sobre a data precisa do nascimento de Jesus Cristo.

O padre e teólogo Nicola Bux defende que a data de 25 de dezembro pode, sim, ser enquadrada historicamente. Basta calcular o período provável do nascimento de Cristo partindo do anúncio do anjo a Zacarias, revelando a data da concepção de João Batista.[78] Conhecendo a data do nascimento de João, podemos calcular o período do nascimento de Cristo, que se deu seis meses depois.

Bux explica que as 24 classes de sacerdotes se revezavam em diferentes períodos do ano para servir no Templo. Zacarias, então, cumpria seu dever no tempo estabelecido para os sacerdotes da linhagem de Abias:

> (...) houve um sacerdote por nome Zacarias, da classe de Abias (...). Ora, exercendo Zacarias diante de Deus as

---

76 Bento XVI. *Audiência geral.* 23 de dez. de 2009.

77 João Paulo II. *Audiência geral.* 22 de dez. de 1993.

78 Nicola Bux. *Gesù di Nazaret è nato il 25 dicembre?* Artigo publicado no site Documentazione Interdisciplinare di Scienza & Fede. Dezembro de 2011.
Para aprofundamento, sugerimos a leitura do livro do mesmo autor: *Gesù il Salvatore. Luoghi e tempi della sua venuta nella storia,* Cantagalli, Siena, 2009.

funções de sacerdote, na ordem da sua classe, coube-lhe por sorte, segundo o costume em uso entre os sacerdotes, entrar no santuário do Senhor e aí oferecer o perfume (Lc 1,5-8).

Graças aos estudos do professor Talmon Shemarjahu, da Universidade Hebraica de Jerusalém, foi possível estabelecer que o turno da classe de Abias, no tempo de Zacarias, caiu na última semana de setembro. Nove meses depois, nasceria João Batista, em junho. A Anunciação a Maria aconteceu no sexto mês da gestação de João – portanto, em março. Nove meses depois – em dezembro – nasceria o Rei dos Reis!

A pesquisa do professor Shemarjahu fundamentou-se nos famosos Manuscritos do Mar Morto, uma incrível descoberta arqueológica ocorrida em 1947. Esses textos antigos revelam a doutrina dos judeus essênios, que viveram em Qumran do século II a.C. até aproximadamente o ano 70 d.C.[79]

Como foi o parto de Jesus Cristo?

Quando foi prometida a José, a Virgem tinha, muito possivelmente, 12 anos. Após um ano de noivado, o casamento se consumava; então, podemos supor com certa segurança que ela tinha 13 anos quando foi morar com seu castíssimo esposo. E "Quando Maria deu à luz ela não tinha provavelmente mais de catorze anos".[80]

"Foi parto normal ou cesariana?": é comum que uma mulher que deu à luz há pouco tempo responda mil vezes

---

[79] Vittorio Messori. *Gesù nacque davvero quel 25 dicembre*. Corriere della Sera. 9 de jul. de 2003.

[80] Daniel Rops, 1983, p. 83.

a essa pergunta. Ainda bem que, nos tempos bíblicos, ninguém cogitava levantar esse tipo de questão, pois para a Virgem Maria não seria nada simples explicar o seu parto... inexplicável!

Não podemos afirmar que Jesus nasceu via parto normal, muito menos por meio de uma cesariana. Assim como Deus se encarnou no ventre da Virgem de modo sobrenatural e misterioso, da mesma forma Ele dali saiu. É dogma da Igreja – artigo no qual todo católico deve crer – que **Maria permaneceu virgem antes, durante e depois do parto.**

Pode-se argumentar que o nascimento de um bebê pela via vaginal jamais poderia tirar a virgindade de uma mulher, afinal, uma mulher só poderia deixar de ser virgem ao se relacionar sexualmente com um homem. Mas os antigos não entendiam a coisa assim. Até poucos séculos atrás, e desde que o mundo é mundo, o hímen inviolado sempre foi importantíssimo para uma donzela. Deus, não ignorando essa realidade, fez com que Maria, ao dar à luz, ainda assim conservasse os sinais de sua virgindade física intactos.

Ao conhecer pela primeira vez esse dogma, a reação de muitos católicos é de estranhamento. Virgindade durante o parto?! Que relevância isso pode ter? O que isso colabora com a fé cristã? É o que vamos esclarecer agora.

Por meio dos textos patrísticos (os escritos dos padres cristãos dos primeiros séculos) a Igreja sabe que Nossa Senhora não sentiu dor, não derramou sangue e não perdeu o selo de sua virgindade ao dar à luz. A doutrina da Igreja vai até aqui. A partir desse ponto, pode-se inferir que o parto não foi por vias normais.

Estudando, trocando ideias com outras gestantes e vivendo a nossa própria experiência com o tema, foi ficando cada vez mais claro que a sexualidade feminina tem o seu ápice no parto. Sim, **o parto normal é uma bela extensão do ato sexual:** por um ato a vida entra, por outro ato a vida sai – e pelo mesmo local é a entrada e a saída. A relação sexual e o parto não são fatos isolados, mas estão intimamente conectados – o segundo é a continuidade e coroação do primeiro.

Cópula e parto normal não são coisas assim tão diferentes, portanto. São duas etapas de um mesmo processo. Realizam-se pela mesma via – vaginal – e são favorecidos pelos mesmos hormônios. Aí está a chave de entendimento da questão: se o parto normal é parte integrante da atividade sexual feminina, e se Maria não vivenciou a primeira etapa desse processo, então é razoável que também não tenha vivenciado a segunda etapa.

Esse é mais um sinal da comovente coerência e harmonia da história da salvação. Isoladamente, esse ponto do dogma pode de fato parecer indiferente. Porém, considerando o processo sexual como um todo – que inclui o parto –, vemos que uma verdade "puxa" naturalmente a outra, e que as coisas se encaixam de maneira perfeita.

Em suma: **assim como Jesus entrou nas entranhas da Virgem de modo miraculoso, também saiu de lá de modo miraculoso**; da mesma forma que entrou, Ele saiu. É simples!

Há certas coisas que não devem ser muito esmiuçadas; temos de ser discretos e muito respeitosos com as coisas que envolvem a Mãe Santíssima. Mas é possível ver beleza e ordem nisso tudo: imagine a Santa Virgem tendo de receber assistência em seu parto de um homem (São José)! Hoje isso é normal, mas naquela época seria inadequado para qualquer mulher, quanto mais para a Virgem. Deus Pai, que é infinitamente doce e sempre pensa em tudo, preservou Nossa Senhora desse constrangimento. Ela merecia.

As tentativas de explicação desse mistério são limitadas. No mais, sigamos o conselho de Santo Agostinho: a virgindade durante o parto é uma coisa tão admirável que deve nos levar, humildes e maravilhados, ao louvor e à silenciosa contemplação.

> De fato, Nosso Senhor Jesus Cristo, em Sua condescendência, entrou no seio da Virgem, (...) e, quando formado, saiu dela, preservando intacto o corpo de Sua Mãe (...). O que significa isso? Quem será capaz de dizer? (...). Em nosso discurso, louvamos o que não compreendemos em nossa mente. De fato, não podemos argumentar sobre uma graça presente tão grande de Deus, porque somos insignificantes demais para proclamar Sua grandeza. No entanto, somos obrigados a louvar esse fato, porque, preservando o silêncio, seríamos ingratos. Mas, graças a Deus! Porque mesmo aquilo que não pode ser adequadamente expresso por meio de nossas palavras pode ser acreditado por nós firmemente.[81]
>
> Santo Agostinho, Sermão 215, 3.
> *Na Recitação do Credo*

O Deus encarnado repousando em palhas

Desde a Idade Média, um dos símbolos mais poderosos do Natal é o presépio, montado nos lares, nas igrejas e nos mais diversos ambientes. Muitos representam esse sagrado abrigo em forma de cabana de madeira, mas a verdade é que se tratava de uma gruta. Vale notar que "Desde

---

81 Santo Agostinho, 2008, p. 144-145.

sempre, na região ao redor de Belém, se usaram as grutas como estábulo".[82]

É bonito ver a adesão das famílias ao piedoso costume de montar o presépio. Por outro lado, é triste constatar que muitos lares não se deixam evangelizar pela mensagem de **pobreza e confiança na Providência Divina**, que emerge da manjedoura.

Deus Altíssimo e Todo-Poderoso não viu mal em permitir que Seu Filho nascesse em um local improvisado e um tanto sujo – a morada dos animais. Na "noite feliz", o Pai proveu somente o essencial para que a Sagrada Família não morresse de frio e para que Maria pudesse ter a devida privacidade para dar à luz.

Como bem disse o cardeal D. José Tolentino Mendonça: "O que Deus nos ensina no presépio é a audácia de nascer, a audácia de nascer mesmo na fragilidade, na nudez, na precariedade, no não preparado, na vida como ela é, mas com a capacidade de florescer".[83]

Algum tempo depois, o ouro doado pelos Magos serviria como uma ajuda generosa e inesperada – uma alegria que só experimentam aqueles que têm fé e acreditam que receberão, mesmo enquanto ainda estão de mãos vazias: "Os poderosos empobrecem e passam fome, mas aos que buscam o Senhor nada lhes falta" (Sl 33,11).

Enquanto isso, vemos casais cristãos colocando mil e uma condições de segurança financeira e conforto para, quem sabe, permitirem a vinda de um filho. Não dão espaço para a possibilidade de Deus prover o que eles não têm. Se dão

---

[82] Bento XVI. p. 60.

[83] *Entrevista: "Cada um de nós é personagem do presépio" – D. José Tolentino Mendonça.* Agência Ecclesia, 25 de dez. de 2019.

algum passo para aumentar a família, não é pela fé na Providência (que lhes parece duvidosa e abstrata), mas sim confiando na falsa segurança dos bens materiais que possuem.

NA IGREJA...

♪ O SENHOR É MEU PASTOR, E NADA ME FALTARÁ! ♪

EM CASA...

QUERIDO, VAMOS TER MAIS UM FILHO?

TÁ DOIDA!? VAMOS PASSAR FOME!

Falando sobre a passagem do jovem rico, o Papa Francisco alertou sobre a "**cultura do bem-estar**, que nos deixa pouco corajosos, preguiçosos e também egoístas". Como exemplo dessa cultura, citou os casais que optam por ter somente um filho em nome dos bens materiais e da comodidade: "Não, não, mais de um filho, não, porque não poderemos sair de férias, não poderemos ir a tal lugar, não poderemos comprar a casa". São cristãos que dizem seguir Jesus, mas só vão até certo ponto, até onde isso não lhes custe muitos sacrifícios.[84]

A cada Natal, a imagem do Filho de Deus Todo-Poderoso deitado em um bercinho de palha renova o apelo para que todos – inclusive os solteiros ou celibatários – tenham fé na Palavra do Senhor:

> Não vos aflijais, nem digais: Que comeremos? Que beberemos? Com que nos vestiremos? São os pagãos que se preocupam com tudo isso. Ora, vosso Pai celeste sabe que necessitais de tudo isso. Buscai em primeiro lugar o Reino de Deus e a sua justiça e todas estas coisas vos serão dadas em acréscimo (Mt 6,31-33).

A manjedoura usada como desculpa para o pauperismo litúrgico

Toda religião conhece o poder dos símbolos, mas nas últimas décadas algumas lideranças da Igreja Católica estão permitindo (e até incentivando) que o simbolismo místico católico seja empobrecido de forma assombrosa. Isso atinge de forma drástica a evangelização e a compreensão dos fiéis sobre os mistérios da fé.

Em toda parte, constroem-se igrejas que parecem museus de arte moderna, auditórios corporativos ou prédios comerciais. A liturgia é esvaziada, o zelo com a beleza dos paramentos sacerdotais é esquecido.

---

[84] Papa Francisco. *Homilia na Capela de Santa Marta*. 27 de maio de 2013. Site da Rádio Vaticano.

Para justificar essa desgraça, eles vêm com o papo furado de que "Jesus nasceu pobre numa manjedoura!". Deus Pai achou bom fazer Seu Filho nascer em um abrigo de animais. Mas se Santa Maria e São José viessem à sua casa, você lhes daria o melhor quarto da casa ou iria hospedá-los no fundo do quintal, junto com os cachorros?

Duvidamos que alguém possa se imaginar olhando para São José e dizendo: "Tá vendo aquele curral ali? Tem cheiro de cocô de vaca, tem uns carrapatos, mas dá para o senhor se abrigar com a sua esposa. Podem ir pra lá, boa noite!". Você faria isso?

Dá um profundo desgosto quando, em uma missa, vemos que não há zelo com a beleza e riqueza dos objetos litúrgicos. Olhamos o altar onde o sacrifício de Cristo se faz presente e vemos um cálice frágil de vidro ou argila, sobre uma toalha lazarenta.

Conforme orienta a instrução *Redemptionis Sacramentum* (ponto 117), os vasos sagrados que recebem o Corpo e o Sangue do Senhor não podem ser vulgares. Precisam ser especiais, duráveis e nobres, por causa da força visual, do **poder do simbolismo**. A riqueza do material, a beleza e a elegância dos ornamentos dos vasos sagrados comunicam o imenso valor dos mistérios aos quais eles servem.

A pobreza-modinha não tem lugar na sagrada liturgia. Os adeptos do pauperismo litúrgico confundem a simplicidade evangélica com desleixo estético e pobreza material dos objetos litúrgicos.

> Devem ter preciosos os cálices, corporais, ornamentos do altar e tudo que pertence ao sacrifício. E se em algum lugar estiver colocado pauperrimamente o santíssimo corpo do

> Senhor, que por eles seja posto em lugar precioso e fechado à chave, de acordo com o mandato da Igreja...[85]
> São Francisco de Assis. Carta I – Aos custódios

Se uma comunidade é muito pobre, certamente Jesus não se ofenderá se os vasos sagrados forem de material de pouco valor. Ele fica honrado em ver nos ritos sagrados os objetos simples, conforme o que a comunidade pôde dar de melhor. Deus olha o coração.

Mas o que se nota em certas comunidades é o uso proposital de vasos sagrados feitos de material muito barato, uma opção planejada pela pobreza estética, para tirar onda de "simples". É a **pobreza soberba**, pobreza *style*, pobreza de ostentação!

Quando os Reis Magos vieram visitar o Menino-Deus, só trouxeram mercadoria de primeira, coisa fina! E Jesus também aprovou a atitude de Maria, irmã de Lázaro, quando ela ungiu Seus pés com um bálsamo perfumado que custava os olhos da cara (Jo 12).

A verdadeira simplicidade se conhece pela sua discrição. Não é afetada e, sobretudo, jamais vira as costas para o que a Santa Igreja determina.

O Deus imenso e distante se fez pequeno e acessível

Isaías havia profetizado: "um menino nos nasceu" (Is 9,6). Deus não tinha a menor necessidade de ter nascido de uma mulher, como Menino. Ele poderia ter descido à Terra sobre as nuvens, radiante em Sua glória. Poderia... mas não quis.

---

[85] São Francisco de Assis. *I Carta aos Custódios*. Site dos Freis Franciscanos Capuchinhos Centro-Oeste.

Em Sua infinita sabedoria, o Deus "distante" e incompreensível quis ensinar o caminho da salvação da forma mais simples e fácil de ser compreendida. De um modo que não somente os sábios e estudados, mas também os mais simplórios, pudessem ser iluminados. Como fazer isso? Assim Ele fez: nascendo como homem, crescendo como homem, se misturando com todos os tipos de pessoas – justos e pecadores – e se apresentando a elas como um **amigo**.

Antes do acontecimento do Santo Natal, Deus não podia ser visto. Moisés só pôde ver a Sua glória de costas, e não pôde contemplar a Sua face de jeito algum (Ex 33,18-23). Assim, o Evangelho confirma que "Ninguém jamais viu Deus. O Filho único, que está no seio do Pai, foi quem o revelou" (Jo 1,18).

O Deus imenso se fez pequeno. O Deus Todo-Poderoso se fez vulnerável, podendo sofrer e ser ferido na carne. O Deus que existe desde sempre, fora do tempo, passou a existir dentro do tempo dos homens. O Deus que é puro espírito assumiu a forma humana. O Deus que não precisa de ninguém quis precisar de uma Mãe!

Deus... Quem é Deus? O que Deus quer de mim? O que é o amor e como se pratica o amor? O que é a beleza? O que é a justiça? Cada sábio deu a sua contribuição humana para responder a essas perguntas, e assim surgiram as diversas religiões, com muitos acertos intuitivos, mas também com graves erros e lacunas.

Até o dia em que Deus se fez Menino. Por isso, o cristianismo não é só mais uma entre tantas religiões nascidas do nobre esforço imaginativo dos homens para entender Deus. O cristianismo é reconhecer que "O Verbo de Deus, ou seja, aquilo de que tudo consiste, se fez carne. Portanto, a beleza se fez carne, a bondade se fez carne, a justiça se fez carne, o amor, a vida, a verdade se fez carne: (...) é alguém entre nós".[86]

O Mistério incompreensível da vida se tornou alguém entre nós! Presente, acessível e atuante não só para quem vivia há dois mil anos em Israel, mas também para as pessoas de todos os tempos: "Eis que estou convosco todos os dias, até o fim dos tempos" (Mt 28,20).

Os sábios e os simples reconhecem o Senhor

Na noite do Natal, um grupo de pastores guardava os rebanhos nos arredores de Belém. Um anjo lhes apareceu, anunciando o nascimento do Salvador e convidando-os a ir adorá-lo (Lc 2,8-17). Alguns anos depois, essa mesma adoração foi feita pelos Magos do Oriente.

Esses dois grupos de adoradores parecem muito diferentes entre si. Os pastores eram pobres e pouco instruídos; os Magos eram ricos e sábios. Porém, em comum entre eles havia um profundo espírito de **humildade**. Foi sobretudo essa virtude que lhes permitiu reconhecer Jesus como o Salvador.

Os pastores são como aquelas pessoas que não conhecem nada de arte, literatura, física, filosofia ou política; entretanto, compreendem os mistérios da salvação de forma muito clara e colocam em prática de maneira admirável e comovente as palavras do Evangelho. Os Magos do Oriente são como aqueles que tiveram acesso a uma formação intelectual mais sofisticada, e é por meio de sua busca honesta e apaixonada pela verdade que descobrem o caminho certo para chegar até Deus.

---

[86] O padre Luigi Giussani ouviu essa frase de um professor seu, conforme relata em seu livro *L'avvenimento cristiano. Uomo Chiesa Mondo*. Fonte: "Buscava a Beleza e encontrou Cristo". Site do CL Brasil.

O Arcebispo Fulton Sheen tem uma tese interessante sobre isso: somente os simples de coração e os verdadeiramente sábios são capazes de encontrar Jesus. Os falsos sábios – também chamados de "sabichões" – não possuem suficiente sabedoria ou simplicidade para receber essa graça.

O sabichão é aquele que pensa que sabe, mas nunca estudou seriamente o assunto sobre o qual opina. É uma pessoa que tem a mente fechada, que dificilmente mudará de ideia. Cego em seu orgulho e muito confortável em suas "certezas", acha que já tem conhecimento suficiente e por isso não se empenha em buscar mais a fundo a verdade.

Os sabichões parecem dominar todos os ambientes. Eles estão nos bancos das escolas, nas cátedras das universidades, no comando de programas de TV e, sobretudo, nas redes sociais. O que mais tem por aí é gente que acha que sabe o que foram as Inquisições, o que aconteceu nas Cruzadas, como a Igreja se posicionou e atuou diante da escravidão e do nazismo... Acham que sabem, mas não passam de pobres repetidores de clichês.

Por isso, somente as pessoas humildes que estão nesses dois extremos intelectuais – a simplicidade ou a sabedoria – podem encontrar Deus.

> Há algo em comum entre o sábio e o simples, e é humildade. O homem sábio é humilde porque sabe disso, que não importa o quão profundo como ele cave, a divindade é sempre mais profunda; já o homem simples é humilde porque ele sabe que a divindade é tão profunda que é inútil cavar. Mas aquele que acredita ser sábio tendo a mente de estudante do segundo ano, cheio do orgulho de seu pouco conhecimento, é tão convencido de sua ciência que não vai cavar, porque pensa que nada pode ser mais profundo do que ele mesmo.

> Como era no começo, é agora e sempre será: Nosso Senhor é descoberto apenas pelos simples e pelo sábio, mas nunca pelo homem de um único livro, nunca pela mente que pensa que sabe.[87]
>
> Fulton Sheen

Apresentação de Jesus no Templo

Quarenta dias após o parto, a Sagrada Família saiu de sua cidade e se dirigiu ao Templo de Jerusalém. Cumprindo a lei de Moisés, Maria fez a purificação ritual, obrigatória a todas as mulheres que davam à luz. Era preciso também oferecer um animal para ser sacrificado. Os pobres, que não tinham condições de oferecer um cordeiro, ofereciam somente um par de rolas ou pombinhos – e esse era o caso de José e Maria.[88]

Nesse episódio, os profetas Simeão e Ana representam todas as pessoas que colocam sua esperança no Senhor. Mesmo que precisem esperar muito tempo para ver o cumprimento de Suas promessas, eles perseveram na fé. Até que chega o dia em que são recompensados!

O velho Simeão segura Jesus no colo e faz duas profecias: uma direcionada ao Menino e outra direcionada a Maria: "E uma espada transpassará a tua alma" (Lc 2,35). Mais uma vez, a Bíblia nos mostra que **a missão redentora do Filho está profundamente ligada à missão da Mãe.**

---

87 Fulton Sheen, 1981, p. 17-18.

88 Não há nenhuma contradição no fato de Maria ser Imaculada e ter se submetido à purificação após o parto. Afinal, ela deveria seguir os ritos obrigatórios da religião, como toda mulher judia. Explicamos isso no nosso livro *As grandes mentiras sobre a Igreja Católica*.

Sobre Jesus, a profecia é intrigante. Sua encarnação não teria o mesmo efeito positivo sobre todas as pessoas: para alguns, seria motivo de revitalização, de esperança; para outros, seria causa de queda. Ele "provocará contradições" – rupturas, divisões, confrontos – e fará com que as intenções secretas sejam reveladas (Lc 2,34).

Como é possível que o Senhor da Paz traga divisão às pessoas? Bem, é evidente que Jesus despertava raiva em todos aqueles que viviam de modo contrário ao Seu exemplo e à Sua pregação. Quando o bem reluz, esse brilho incomoda as vistas de quem se sente confortável nas trevas.

É inevitável que todos os que buscam imitar Jesus também se tornem sinal de contradição. E assim venham a sofrer com os conflitos na família, as perseguições na escola, na universidade, no ambiente de trabalho... É a consequência de se contrariar o modo de pensar predominante. Ser um sinal de contradição significa ser "um sinal de divisão, de ruptura e de contraste nos confrontos do espírito do mundo que põe a finalidade e a felicidade do homem na riqueza, no prazer e na autoafirmação da própria personalidade".[89]

Na contramão dessa postura corajosa, muitos evangelistas (sacerdotes, catequistas e pregadores em geral) evitam a todo o custo apresentar o Evangelho em sua integralidade, justamente para não gerar desconforto em quem os ouve e não atraírem o ódio de ninguém. São aqueles que buscam agradar mais aos homens do que a Deus!

---

89 Papa João Paulo II. *Homilia na Festa de Apresentação do Senhor*. 2 de fevereiro de 1981.

Os misteriosos Magos do Oriente

Apostamos que você já ouviu mil vezes a história dos Magos do Oriente que, guiados por uma estrela, chegaram até o local onde estava o Menino Jesus. Isso aconteceu algum tempo após a Apresentação de Jesus no Templo (talvez meses depois). São Mateus diz que o local era uma "casa" (2,11), então, a Sagrada Família já não estava mais alojada na manjedoura.

O que a Bíblia não esclarece é que estrela era aquela, e quem eram aqueles homens. Eram magos tipo Harry Potter? Eram astrólogos? E se não eram judeus, por que motivo davam importância a uma profecia judaica sobre o nascimento do Messias?

Antes de responder a essas questões, vamos abrir um parêntese e dar um salto até a Índia no século XVII, para contar um fato muito curioso e pouco conhecido da História da Igreja, que certamente vai ajudar você a entender as motivações da viagem dos Magos.

Um padre católico que se tornou "brâmane entre os brâmanes"

Apesar do intenso trabalho de missão realizado por São Francisco Xavier, a Índia é um país onde os cristãos sempre foram uma pequena minoria. Entre outros fatores, há um forte motivo para isso: muitos missionários católicos que lá estiveram na época da Contrarreforma cometeram o erro de minimizar a importância da cultura local.

Esses bons homens erraram ao tentar impor aos indianos convertidos um catolicismo configurado nos mesmos moldes da Europa. Por isso, mesmo os melhores padres produziam pouco fruto, e as conversões eram cada vez mais raras. Por exemplo, o bom padre Fernandes, superior da missão em Maduré, era completamente desprezado pelo povo como se fosse um bárbaro, porque comia carne de vaca. Esse seu costume, perfeitamente aceitável na Europa, colocava todo o trabalho de evangelização a perder.[90]

Hoje, a Igreja entende a importância da inculturação: deve-se identificar, extrair e valorizar os elementos da cultura local que, transformados e regenerados pelo Evangelho, têm o potencial de expressar e celebrar o pensamento cristão. São João Paulo II disse que o respeito aos valores e à herança cultural de um povo torna os missionários católicos mais "capazes de guiá-lo para uma melhor compreensão do mistério de Cristo".[91]

Naqueles tempos, porém, poucos tinham essa sensibilidade – como São José de Anchieta, que buscou compreender os costumes dos índios brasileiros e compôs autos que uniam a tradição católica a temas e personagens indígenas.

Na Índia colonial, um dos raros sacerdotes que entendiam a importância de uma metodologia de evangelização culturalmente adaptada era o fenomenal padre Roberto Nobili. Jesuíta italiano, foi enviado em missão à Índia em 1604, a seu próprio pedido. Sua origem era muito nobre: era parente do Papa Júlio III, sobrinho de dois cardeais e filho do senhor de Montepulciano, da Toscana.

Após estudar e entender a fundo os hábitos e o pensamento nativo, o padre Nobili resolveu focar seu trabalho na evangelização das castas mais altas. Como era um aristocrata, apresentou-se como "rajá da Europa".

---

90 Daniel Rops, 1999, p. 325.

91 Papa João Paulo II. *Discurso aos professores e aos alunos da Universidade Urbaniana*. 1980.

Em vez de batina e barrete, padre Nobili vestia-se com o turbante e o tecido amarelo dos saniases, homens ascetas que renunciaram às coisas materiais e vivem totalmente dedicados às coisas do espírito. No peito, exibia o cordão de cinco fios dos brâmanes e ali pendurou uma cruz. Não tememos afirmar que sua conduta foi impulsionada pelas palavras de São Paulo:

> Embora livre de sujeição de qualquer pessoa, eu me fiz servo de todos para ganhar o maior número possível. Para os judeus fiz-me judeu, a fim de ganhar os judeus. Para os que estão debaixo da Lei, fiz-me como se eu estivesse debaixo da Lei, embora eu não esteja, a fim de ganhar aqueles que estão debaixo da Lei. Para os que não têm Lei, fiz-me como se eu não tivesse Lei, ainda que eu não esteja isento da Lei de Deus – porquanto estou sob a Lei de Cristo –, a fim de ganhar os que não têm Lei. Fiz-me fraco com os fracos, a fim de ganhar os fracos. Fiz-me tudo para todos, a fim de salvar a todos (I Co 9,19-22).

Em pouco tempo, padre Nobili já era um homem respeitado e estimado na região. Ninguém duvidava que, mesmo sendo estrangeiro, ele era um verdadeiro saniase, pois vivia numa cabana, se alimentava somente de legumes e jamais se dirigia à casta dos "párias".

Ele dominava a língua popular, o tâmil, e também falava corretamente o sânscrito. Seu amplo conhecimento sobre o conteúdo dos livros sagrados hindus também impressionava, e por isso até os brâmanes mais sábios vinham conversar com ele: "chegaram mesmo a pedir-lhe – a ele, um europeu – esclarecimentos sobre certos pontos das suas próprias doutrinas!".[92]

---

92 Daniel Rops, 1999, p. 326.

Padre Nobili era um gênio, um homem muito à frente de seu tempo, porque ele já entendia perfeitamente aquilo que o então cardeal Ratzinger (futuro Bento XVI) ensinou: apesar de não possuírem a plenitude dos meios de salvação, e por isso, em relação à doutrina católica, estarem em grande desvantagem, diversas religiões possuem elementos que apontam para o que ensinam os evangelhos.

> Não há dúvida que as diversas tradições religiosas contêm e oferecem elementos de religiosidade, que procedem de Deus, e que fazem parte de "quanto o Espírito opera no coração dos homens e na história dos povos, nas culturas e religiões". Com efeito, algumas orações e ritos das outras religiões podem assumir um papel de preparação ao Evangelho, enquanto ocasiões ou pedagogias que estimulam os corações dos homens a se abrirem à ação de Deus.[93]
>
> Declaração Dominus Iesus

Com essa consciência, padre Nobili ensinou aos hindus que o "caminho perdido" para chegar à verdade e à salvação, que é citado no livro sagrado dos Vedas, é o cristianismo. Os homens conheciam três caminhos, mas lhes faltava conhecer o caminho mais seguro. Essa explicação foi tão convincente que, em 1609, setenta brâmanes se converteram em Maduré. A notícia dessas conversões produziu novos cristãos em outras duas cidades indianas.

E o que tudo isso tem a ver com os Magos do Oriente? Bem, eles não eram judeus; eram de uma casta sacerdotal de uma religião do Oriente distante. E assim como os textos sagrados hindus possibilitam entrever e intuir o Cristo, os

---

[93] Congregação para a Doutrina da Fé. *Declaração Dominus Iesus*. Ano 2000.

Magos do Oriente mostram que muitas pessoas encontram em sua própria tradição religiosa elementos que apontam para a necessidade da redenção em Jesus.

Os Magos representam o caminhar de todas as crenças rumo a Cristo

Os Magos que visitaram o Senhor não eram magos no sentido de que praticavam feitiçaria, e sim de que estudavam os ciclos celestiais e suas influências. Não eram realmente reis (governantes), mas a Igreja viu neles o cumprimento da profecia judaica: "Os reis de Társis e das ilhas lhe trarão presentes, os reis da Arábia e de Sabá lhe oferecerão seus dons. Todos os reis hão de adorá-lo, hão de servi-lo todas as nações" (Sl 72,10-11).

Há numerosas teorias sobre a origem dos Magos do Oriente. Eles poderiam ser do Império Parta, da Babilônia, da Pérsia ou do deserto da Síria.[94] Alguns autores dizem que eles eram seguidores do zoroastrismo. Todas essas suposições fazem sentido, mas não podem realmente ser comprovadas, ficando apenas no campo da hipótese.

Seja como for, podemos ter a convicção de que eles não eram judeus, e sim seguidores de outra crença religiosa. Porém, a partir do momento em que viram o Deus Menino, dobraram seus joelhos e passaram a adorá-lo.

Como catequistas de jovens e adultos, muitas vezes ouvimos o testemunho de pessoas que não eram católicas. Elas nos contam que, ao se dedicarem ao estudo sério e profundo de sua própria religião, acabaram encontrando motivos para serem atraídas em direção à doutrina católica. E então se converteram!

---

94 René Laurentin, 1986, p. 513.

Bento XVI resume muito bem o que queremos dizer: **os Magos do Oriente "representam o encaminhar-se da humanidade para Cristo"**, ou melhor, eles representam "o movimento das religiões e da razão humana ao encontro de Cristo".[95] Eles representam todas as pessoas que não se acomodam, não se fixam em um sistema religioso nobre, mas falho; elas têm coragem de ir além e se põem em marcha até encontrar a verdade.

Os Magos do Oriente nos abrem a possibilidade de ver nas demais religiões não somente erros e superstições (que realmente existem), mas também elementos que podem servir como trampolim para o salto que conduz ao encontro com Cristo. Aí pode estar a semente de onde, talvez, com a devida orientação, poderá brotar a fé cristã.

Os presentes dos Magos

Único a citar os Magos do Oriente, o Evangelho de Mateus em nenhum momento diz que eles eram três. Essa suposição foi tirada do número de presentes que eles deram, e assim a ideia de um trio de sábios ficou consagrada.

A Bíblia também não revela como os Magos se chamavam. Melquior, Gaspar e Baltazar são nomes conhecidos pelos escritos apócrifos.

Os presentes que eles trouxeram para Jesus eram muito caros. Mas muito além do valor material, a Igreja sempre viu nos três presentes um significado espiritual. A explicação mais amplamente aceita é a de que o **ouro** é o presente digno de um Rei; a **mirra**, um óleo perfumado usado para embalsamar os mortos, é um presente útil para um mortal

---

95 Bento XVI. *A infância de Jesus*. p. 83.

(remetendo à humanidade de Cristo); e o **incenso** é a oferta para um Deus (a natureza divina de Cristo).

A origem da tradicional troca de presentes entre os cristãos no Natal está, justamente, nos presentes trazidos pelos Reis Magos a Jesus Menino.

A estrela de Belém era mesmo um astro?

Ao longo de tantos séculos de cristianismo, várias foram as teorias para definir o que era exatamente aquela maravilhosa estrela. Alguns disseram que era uma supernova;[96] outros concluíram que se tratava de um cometa; e houve ainda quem dissesse que a estrela na verdade era o planeta Júpiter em seu máximo esplendor, em conjunção com Saturno.[97]

Para outros, não era nada disso. A estrela de Belém não era um elemento físico, mas sim algo de natureza totalmente espiritual. São João Crisóstomo defendia essa ideia, afirmando que não era realmente um astro, mas sim um poder invisível que havia tomado a forma de estrela.[98]

A Igreja jamais fechou a questão sobre esse assunto – e, convenhamos, não há necessidade de nenhuma definição. Para o caminho de santidade de cada pessoa, basta saber que havia um sinal no Céu naquela noite santa, e que seu brilho serviu como guia para que aqueles sábios homens do Oriente pudessem encontrar e adorar o Salvador: "Onde está o rei dos judeus que acaba de nascer? Vimos a sua estrela no Oriente e viemos adorá-lo" (Mt 2,2).

---

[96] O astrônomo Johannes Kepler defendia essa ideia.

[97] Tese do astrônomo Ferrari d'Occhieppo.

[98] Bento XVI. *A infância de Jesus*. p. 83.

Fuga para o Egito e retorno a Nazaré

Herodes, o Grande, temia que o Menino citado pelos Magos e pela profecia viesse a ser seu rival político e lhe tomasse o trono quando se tornasse adulto. Por isso, estava determinado a eliminá-lo.

São José foi alertado em sonho sobre esse projeto macabro. Então, fugiu com Maria e com Jesus para o Egito, conforme a ordem do anjo (Mt 2,13-14). Enquanto isso, Herodes ordenou que todos os meninos de Belém com até dois anos de idade fossem mortos por seus soldados.

A maior parte dos biógrafos mais recentes de Herodes nega que a matança dos Santos Inocentes tenha acontecido. O principal argumento é o de que não há nenhum documento daquela época que relate tal evento.

Mas é preciso considerar que Belém era uma vila de pequena relevância e com poucos habitantes (por isso, não surpreende que José e Maria não tenham encontrado um lugar para se hospedar na noite do Natal). Sendo assim, a matança não teria sido de grandes proporções, o que justifica que não tenha sido registrada nos anais.

Além disso, uma ordem de matança para proteger o trono estaria em total coerência com o modo de proceder de Herodes. Ele mandou torturar e matar um grande número de pessoas que desconfiava serem conspiradores, especialmente nos últimos anos de seu governo. E não foram poupados nem mesmo seus parentes, como sua esposa Mariane, alguns de seus filhos e seus cunhados Aristóbulo e Costobar.

Pouco tempo depois da fuga para o Egito, Herodes morreu, e a Sagrada Família pôde retornar à terra de Israel. Mas Belém continuava a ser um local inseguro para eles; então se estabeleceram em Nazaré, na Galileia.

O menino que mama: uma imagem apagada do imaginário católico

"Maria que fez o Cristo falar, Maria que fez Jesus caminhar"... Qual devoto mariano não sente o coração se aquecer ao ouvir essa canção, especialmente quando todo o povo a entoa a plenos pulmões? É realmente de tirar o fôlego imaginar que alguma criatura no mundo tenha tido o privilégio de cuidar assim do Deus Encarnado.

E mais ainda: que grande maravilha quando nos damos conta de que Maria amamentou Jesus Menino! Essa relação tão íntima e terna, a mais representativa da primeira fase da infância de Jesus, foi imortalizada em pinturas e mosaicos pelos cristãos, desde o século II.

Mamando nos braços de Maria, Jesus mostra-se vulnerável, necessitado dos cuidados maternos como qualquer outro bebê. O efeito dessa imagem sobre os fiéis não é somente de natureza sentimental; sobretudo, funciona como uma "vacina" contra a tendência herética de minimizar, ou até negar, a humanidade de Jesus Cristo (heresia monofisista).

Especialmente a partir do século V, a heresia chamada **monofisismo** tomou força. Seus seguidores – entre eles, muitos padres e bispos – afirmavam que Jesus tinha somente a natureza divina, e que não era verdadeiro homem. Sua condição de homem seria apenas uma aparência... Ele seria como uma espécie de fantasma materializado.

Porém, Jesus referiu-se a si mesmo como "Filho do Homem". E para quê? Para dizer que era filho biológico de um homem, São José? Ora, isso era algo que o povo já achava. Que sentido teria ficar repetindo isso, se não fosse para indicar algo diferente do que todos pensavam?

Ao dizer-se Filho do Homem, Jesus estava comunicando uma novidade: a sua natureza divina e humana. Em uma de suas visões, o profeta Daniel descreve "Alguém como um filho de homem", um ser divino e humano (Dn 7,13-14). Assim, toda vez que Jesus se dizia Filho do Homem, ele remetia os judeus a essa profecia de Daniel. Era como se dissesse: "Vocês lembram do cara de quem Daniel falou? Esse cara sou eu!".

A imagem do Menino Deus que mama realmente era um golpe no monofisismo. Esse aspecto da relação entre Mãe e Filho era visto com muita naturalidade nos primeiros séculos. Não era raro encontrar imagens de devoção à Virgem do Leite (*Madonna Lactans*) expostas nas paredes das catacumbas, nos mosteiros e nas igrejas, tanto no Ocidente quanto no Oriente. **Ninguém via sensualidade ou indiscrição em retratar Maria com um dos seios exposto para amamentar.**

A devoção à Virgem do Leite era tão popular na Antiguidade que mereceu a citação do Papa Gregório Magno (século VIII), em uma carta ao imperador Leão III, o Isauro: "Entre os ícones a serem venerados está também uma imagem da Santa Mãe segurando nosso Senhor e Deus em seus braços e amamentando-o com seu leite".[99]

Em nossos tempos, o cenário é muito diferente daquele. Tente propor a instalação de uma imagem da **Virgem do Leite** na igreja da sua paróquia, ou em qualquer outro ambiente católico comunitário: é quase certo que a ideia será rejeitada como inapropriada e até mesmo indecente!

No início da Idade Média, as imagens de Maria amamentando já não eram tão facilmente encontradas. Segundo

---

99 Alfredo Tradigo, 2006, p. 183.

Alfredo Tradigo, especialista em História da Arte, isso aconteceu sobretudo a partir do momento em que os ícones bizantinos adquiriram um caráter mais solene. E isso não combinava com o gesto natural e singelo da amamentação.

No século XII, a devoção à Virgem do Leite tomou novo impulso, sendo difundida no Oriente Médio, em Constantinopla, nos Bálcãs e na Europa Ocidental. O mesmo aconteceu na Grécia e na Rússia, a partir do século XIV.

Na Europa, o resgate desse culto se deveu, em grande parte, ao cultivo da imagem da Lactação de São Bernardo de Claraval. Na arte, retratado geralmente ajoelhado, o santo tem a Virgem diante de si, a certa distância; ela espreme um dos seios e derrama um jato de leite em sua boca. Isso simboliza que o santo estava recebendo instrução religiosa diretamente da Mãe de Jesus.[100]

Atualmente, pode ser incomum o uso da amamentação como metáfora para a infusão de sabedoria. Mas houve tempos em que essa referência era facilmente compreendida, em especial quando se tinha em mente essas palavras de São Paulo: "A vós, irmãos, não vos pude falar como a homens espirituais, mas como a carnais, como a criancinhas em Cristo. Eu vos dei leite a beber, e não alimento sólido que ainda não podíeis suportar. Nem ainda agora o podeis, porque ainda sois carnais" (I Co 3,1-2).

Durante a Renascença, houve uma verdadeira febre de reproduções da imagem da Virgem do Leite na região da Toscana. Isso provocou uma revolução visual, que afetou a teologia – é o que conta Kerry Egan:

---

100 A mais famosa representação da "Lactação de São Bernardo" é o óleo sobre tela de Bartolomé Esteban Murillo, exposto no Museu do Prado, em Madri.

Antes, Maria era normalmente retratada como a Rainha dos Céus, com uma coroa, trajes esplêndidos, cercada por uma comitiva de anjos. Quando retratada com seu bebê, ambos apareciam em pose formal, olhando fixamente para os observadores do retrato. (...)
A imagem da Virgem Maria amamentando seu bebê comunicava ao observador que ela era uma mulher comum, que não contratava amas de leite.[101]

As mulheres italianas mais abastadas não amamentavam seus filhos: confiavam a tarefa a uma ama de leite, até a criança completar 4 anos. Sendo introduzido nesse cenário, o culto à Virgem do Leite fomentou uma nova consciência sobre a maternidade.

A arte renascentista dava especial destaque à sensualidade do corpo nu. Infelizmente, a falta de bom senso de muitos artistas e mecenas eclesiásticos gerou uma profusão injustificada de personagens nus sensuais nas paredes das igrejas. Roma, com muita prudência, reagiu.

No Concílio de Trento, foi emitido um decreto que restringia a nudez na arte sacra. E o justo acabou pagando pelo injusto... A doce e delicada *Madonna Lactans* foi praticamente banida de nossos locais de culto, perdendo espaço na iconografia e no imaginário católico.

Por causa da aplicação imponderada daquela orientação tridentina, a graciosa cena da amamentação do Deus Menino foi coberta pela tinta da mesma forma que os exemplares de nudez ousada, como a mulher-diabo (obra de Garcia Fernandes, 1530) pintada no interior de uma igreja em Portugal.[102]

---

101 Kerry Egan, 2009, p. 102.
102 Victor Serrão, 2012, p. 119.

Como consequência inevitável da visão sexualizada da amamentação, muitas mulheres se sentem pouco à vontade para dar o peito aos seus pequenos em público, e sobretudo dentro das igrejas. Mas, se depender do Papa Francisco, essa cultura vai mudar! Em ao menos duas ocasiões, o pontífice argentino encorajou as mães a amamentarem dentro da igreja: "A cerimônia é um pouco longa, alguém pode chorar porque está com fome. Se é assim, vocês, mães, devem dar o peito, sem medo, em toda simplicidade. Como a Madonna amamentava Jesus".[103]

O Menino Jesus frequentou a escola?

Nos dias de Jesus, havia escolas em Israel, que eram parte de um sistema de instrução comandado por rabinos. A escola primária era conectada à sinagoga e frequentada por crianças ricas e pobres. A partir dos 5 anos de idade, os pequenos aprendiam sobre o conteúdo da Torá, eram alfabetizados e recebiam noções, ainda que muito básicas, de história, geografia e gramática.[104]

As crianças eram alfabetizadas, sobretudo, em hebraico, a língua do texto sagrado. Mas o aramaico era a língua usada por todos no dia a dia, e o grego era a língua utilizada nas relações comerciais.

No campo da educação infantil, havia duas correntes de opinião entre os rabinos: uns defendiam o acesso das meninas à instrução escolar e outros as excluíam decididamente. Ao completar 15 anos, alguns meninos continuavam os

---

103 Site G1. *Papa convida mães a amamentar durante batismo*. 08 de jan. de 2017.
104 Daniel Rops, 1983, p. 79.

estudos além da educação primária, recebendo especialização para se tornarem doutores da Lei. Mas "A grande massa das crianças judias não chegava até esse ponto".[105]

O Menino Jesus não teve acesso a esse sistema educativo mais avançado. No máximo, é possível que Ele tenha sido alfabetizado e tenha recebido uma educação religiosa básica na escola de sua cidadezinha (*Beth ha-Sefer*, casa do livro) – ou talvez nem isso. Alguns autores afirmam que não havia escolas em povoações tão pequenas como Nazaré.

O fato é que nem todos os moradores da Galileia eram alfabetizados, mas isso não quer dizer que fossem ignorantes. A maioria dos camponeses judeus, nessas regiões, recebia educação no âmbito familiar, absorvendo sua sabedoria passada de forma oral.[106]

Uma forte pista sobre a educação acadêmica de Jesus está no Evangelho de São João, quando os seus conterrâneos galileus, admirados de sua sabedoria, questionavam: "Este homem não fez estudos. Donde lhe vem, pois, este conhecimento das Escrituras?" (Jo 7,15).

Jesus não nasceu sabendo de tudo

Alguns podem pensar que o Menino não precisava ir à escola porque já sabia tudo, desde criancinha. Afinal, sendo Ele Deus, junto com o Pai e o Espírito Santo, certamente também deveria ser onisciente. Sim, Ele era onisciente, mas a forma como isso se manifestou precisa ser mais bem explicada.

Bem sabemos que Deus não se cansa, não morre, é impassível (nada pode afetá-lo). Deus também não precisa de

---

105 Ibid., p. 80.
106 Richard Horsley, 2003, p. 61-62.

nada, muito menos de comida. Agora, ao se encarnar, Jesus Cristo aceitou, de modo livre e consciente, ser **submetido às características da natureza humana**. Por isso, Ele sentia fome e sono, era afetado por sentimentos, sofria com a dor e estava sujeito à morte.

Dentro dessa mesma lógica, Jesus também obtinha conhecimento de forma progressiva, conforme as experiências que vivia. Mas também não deixava de obter conhecimento de forma sobrenatural, por Ser Um só Deus com o Pai e o Espírito Santo.[107]

De modo grosseiro, podemos dizer que o atributo da onisciência foi "adaptado" à nova natureza de Cristo – que já não era mais somente Deus, e sim, homem e Deus. Pode parecer estranho (e é mesmo), mas essa realidade é demonstrada na Bíblia.

No Evangelho de Marcos, temos dois episódios: Jesus disse que não sabia o dia nem a hora de Sua Segunda Vinda (13,32); e demonstrou não saber quem havia lhe tocado, quando curou "sem querer" a mulher com hemorragia (5,27-32).

Por outro lado, há diversas outras passagens em que fica evidente Seu poder de ver muito além do que os olhos humanos alcançavam. Jesus viu Natanael estudando as Escrituras embaixo da figueira; previu que seria negado por Pedro e traído por Judas, entre tantos outros acontecimentos futuros; e tinha a capacidade de ler o que se passava na mente das pessoas.

O Jesus que chorou pela morte de seu amigo Lázaro (uma reação tipicamente humana) foi o mesmo Jesus que trouxe aquele defunto de volta à vida (manifestando o atributo divino de Senhor da vida e da morte). Ou seja, **a natureza**

---

107 Juniper Carol, 1955, p. 98-99.

divina de Jesus se manifestava em harmonia com a sua condição humana.

Como isso se explica? A chave para o problema está em uma das cartas de São Paulo: "Sendo ele de condição divina, não se prevaleceu de sua igualdade com Deus, mas aniquilou-se a si mesmo, assumindo a condição de escravo e assemelhando-se aos homens" (Filipenses 2,6-7). O Papa Leão Magno (século V) falou sobre essa questão de forma brilhante:

> Quem na natureza de Deus criou o homem, fez-se homem na condição de servo. Cada uma das duas naturezas conservou sem alteração de suas propriedades. Como a natureza de Deus não eliminou a natureza de servo, assim a natureza de servo não diminuiu a natureza de Deus. (...)
> Desce, portanto, do reino celeste às íntimas regiões deste mundo Jesus Cristo, Filho de Deus, sem se afastar da glória paterna, gerado em ordem nova, em novo nascimento. Nova ordem, porque invisível no que lhe é próprio, fez-se visível no que é nosso; incompreensível quis ser apreendido; sendo antes do tempo, começou a existir no tempo. O Senhor do universo assumiu a condição de servo, velando a imensidade de sua majestade. Dignou-se o Deus impassível tornar-se homem passível e o imortal submeter-se à lei da morte. (...)
> A natureza humana de nosso Senhor Jesus Cristo, nascido do seio da Virgem, não difere da nossa por ter tido ele admirável natividade. Sendo verdadeiro Deus, é também verdadeiro homem. Nesta unidade não há mentira, pois mutuamente se coadunam humildade humana e grandeza divina. Como Deus não se altera por tal misericórdia, o homem não desaparece, absorvido pela dignidade divina. Age cada uma das naturezas em consonância com a outra, quando a ação é peculiar a uma delas. O Verbo opera o que lhe é próprio, e a carne executa o que lhe compete. Uma resplandece pelos milagres, enquanto a outra é sujeita aos opróbrios. (...).[108]

---

108 Coleção Patrística, Volume Sermões de Leão Magno. Ed. Paulus, p. 128.

Cristo tinha todos os atributos divinos, inclusive a onisciência. Mas os exercia de forma limitada – ao menos até assumir o Seu corpo glorioso, após a Ressurreição. Por isso, não pense no Menino Jesus aos 3 anos de idade já sabendo citar toda a Torá de cor e lendo receitas de bolo em japonês, alemão e russo para Nossa Senhora!

Obviamente, o Deus Menino demonstrava uma sabedoria extraordinária para a idade – como fica claro na passagem em que está, aos 12 anos, debatendo com os doutores no Templo. Mas também **Sua sabedoria não estava completa na infância, e aumentava de acordo com suas fases de crescimento**: "Jesus crescia em estatura, em sabedoria e graça, diante de Deus e dos homens" (Lc 2,52).

Três dias à procura de Jesus

Todos os judeus adultos tinham a obrigação de comparecer ao Templo de Jerusalém uma vez por ano, durante a festa da Páscoa. Nessa ocasião, faziam seus sacrifícios e cumpriam tudo o que lhes ordenava a lei de Moisés.

São Lucas aborda uma das peregrinações da Sagrada Família, quando Jesus tinha 12 anos. Ao fim de tudo, José e Maria deram por óbvio que o Menino estava junto com seus parentes. E então seguiram tranquilos pela estrada a caminho de casa.

Após um dia de caminhada, perceberam que Jesus não estava na caravana. Então voltaram para Jerusalém para procurá-Lo. Isso parece nos indicar que **Maria não era dotada de nenhum poder sobrenatural**. Sua rotina era similar à de qualquer dona de casa judia.

Muitos santos manifestaram dons extraordinários (de cura, de profecia, de viajar para fora do corpo, de levitação etc.), mas Maria, não. Ela teve a visão do anjo Gabriel na Anunciação e profetizou durante a visitação a Isabel, e ponto. Fora esses episódios raros e pontuais, seguia seus dias como uma serva de Deus muito comum.

> Para que um sermão sobre a Santíssima Virgem me agrade e me faça bem, é preciso que veja sua vida real, e não sua suposta vida, e estou segura de que sua vida real devia ser inteiramente simples. Mostram-na intocável, deveriam mostrá-la imitável...[109]
> *Santa Teresinha de Lisieux. Caderneta Amarela.* 21. 8. 3

Se Maria tivesse o dom do conhecimento sobrenatural, não há dúvidas de que teria usado isso para encontrar Seu Filho o mais rápido possível. Ou, se ela tivesse à sua disposição um ou dois anjinhos, sempre prontos a atender ao seu comando, poderia tê-los convocado para a tarefa. A realidade foi bem diferente disso: o Menino só foi achado após três dias de aflição.

Maria e sua rotina de dona de casa

A vida das mulheres judias nos tempos de Jesus se passava muito mais em casa do que em ambientes públicos. A Mãe de Jesus é quase sempre retratada com um véu sobre a cabeça, e isso é historicamente correto: "na cidade e, sobretudo, no meio de pessoas importantes, as mulheres só podiam aparecer cobertas com um véu".[110] O véu tinha a função de

---

109 Pe. Pedro Teixeira Cavalcante, 1997, p. 238-239.

110 Morin, 1982, p. 56.

deixar a mulher mais discreta, e eventualmente Maria poderia usá-lo para cobrir o rosto e se proteger de algum olhar masculino mais indiscreto.

Um homem não podia falar em público com uma mulher, sobretudo nas cidades (na roça, essa norma quase não era respeitada). Por isso, Jesus causou tanta estranheza quando conversou com a samaritana junto ao poço. Nas sinagogas, as mulheres ocupavam um espaço separado dos homens.

Embora a obrigação do sustento da casa fosse do marido, muitas mulheres arrumavam meios de fazer uma renda a mais, vendendo os fios que teciam, artigos em couro ou produtos agrícolas excedentes da produção familiar.

Só os ricos comiam carne vermelha com frequência. Para os pobres, como a Sagrada Família, os alimentos essenciais eram pão e peixe. Quase sempre o pão não era comprado, e sim produzido pelas mulheres na própria casa. É praticamente certo que Nossa Senhora tinha um pequeno moinho em sua casa, onde moía os grãos de cevada (quem tinha mais dinheiro fazia pão de trigo).

Como não havia água encanada nos lares humildes, as mulheres buscavam água na fonte ou no rio e eram responsáveis pela limpeza da casa e das roupas.[III] Além das orações, Maria dedicava a maior parte de seu tempo a essas tarefas. A normalidade do seu cotidiano é louvada poeticamente pela santa francesa da Pequena Via:

> Eu sei que em Nazaré, Mãe cheia de graça,
> Tu vives bem pobremente, não querendo nada mais.

---

111 Daniel Rops, 1983, p. 89.

> Nada de arrebatamento, de milagres e de êxtases,
> Eles não embelezam tua vida, ó Rainha dos eleitos![112]
> *Poesias de Santa Teresinha*. 54,17

Meditando de forma sincera e dedicada a essa realidade, talvez sejamos capazes de notar o quanto somos tolos quando vemos a nossa rotina diária como algo negativo. Muitas vezes, não conseguimos enxergar o fio que une as nossas pequenas tarefas cotidianas ao Céu, às estrelas, ao infinito. E assim a vida segue sem gosto, cheia de queixas e ingratidão!

Muitos pensam que a felicidade estaria em ter uma vida cheia de grandes acontecimentos. E até mesmo na dimensão da vida religiosa se deixam envolver nessa ilusão carnal, centrando sua espiritualidade em correr atrás de milagres e "revelações" como formigas correm atrás do açúcar (esses são os mais facilmente manipuláveis por falsos místicos e videntes).

Enquanto isso, as entrelinhas da Palavra de Deus nos deixam entrever que a mais bem-aventurada entre todas as mulheres manifestava toda a sua grandeza interior dedicando-se a serviços banais e repetitivos, dia após dia.

Maria e José nem sempre entendiam as coisas de Deus

Muitos nutrem uma ideia bastante irreal e romanceada dos santos. Imagina-se que todos eles entendem de forma perfeita e profunda tudo o que está escrito na Bíblia; também pensa-se que os santos jamais têm dúvidas sobre qual decisão tomar, nem ficam desconcertados diante de certos acontecimentos da vida. Grande engano!

---

112 Pe. Pedro Teixeira Cavalcante, 1997, p. 235.

> STA. TERESINHA
>
> A VIDA REAL DA VIRGEM MARIA DEVIA SER INTEIRAMENTE SIMPLES.
>
> UM ANJO NÃO PODERIA TE AJUDAR NO SERVIÇO DA CASA?

Como qualquer pessoa, os santos muitas vezes ficam confusos e se perguntam o que Deus quer deles com determinada situação, que não conseguem compreender. O ponto é que, muito além de sua limitação humana, em suas vidas se manifesta o poder do Espírito Santo, que faz maravilhas na alma dos servos mais humildes.

Os santos jamais se entregam ao desespero ou à revolta. Não ficam paralisados pelas dificuldades nem costumam tomar atitudes precipitadas, que nascem da imprudência, da intemperança, da falta de fé e da ansiedade. Se não entendem algo, silenciam, rezam, refletem e esperam.

Ao ser encontrado no Templo, Jesus se mostrou surpreso com a preocupação de Maria e de José. E respondeu que ambos deveriam saber que Ele estaria ocupado com as coisas de Seu Pai. Mas eles "não compreenderam o que ele lhes dissera" (Lc 2,50).

Na caminhada de estudo da doutrina e busca por colocar em prática os ensinamentos do Senhor, muitas vezes os cristãos se veem nessa mesma situação... Sem entender nada! É ingenuidade pensar que, ao receber o Espírito Santo, a mente dos fiéis se ilumina como mágica, e então podemos ter respostas para tudo, de forma fácil e rápida.

Na verdade, o Senhor nos conduz por uma estrada onde há trechos muito bem iluminados, e outros não. Isso acontece porque "A palavra de Jesus é grande demais por então; a própria fé de Maria é uma fé 'a caminho', uma fé que repetidas vezes se encontra na escuridão e, atravessando a escuridão, deve amadurecer".[113]

O mesmo Evangelho de Lucas diz que "Sua mãe guardava todas essas coisas no seu coração" (2,51). Esse é o testemunho do **silêncio de Maria**, uma de suas principais virtudes.

> Assim, nos Evangelhos Maria aparece como uma mulher silenciosa, que com frequência não compreende tudo o que acontece ao seu redor, mas medita cada palavra e acontecimento no seu coração.
>
> Nesta perspectiva, podemos ver um perfil belíssimo da psicologia de Maria: não é uma mulher que se deprime face às incertezas da vida, especialmente quando nada parece correr bem. Nem sequer uma mulher que protesta com violência, que se enfurece contra o destino da vida que muitas vezes nos revela um semblante hostil. Ao contrário, é uma mulher que ouve: não vos esqueçais que existe sempre uma grande

---

113 Bento XVI. *A infância de Jesus.* p. 104.

> relação entre a esperança e a escuta, e Maria é uma mulher que ouve.[114]
>
> Papa Francisco

Dentro da nossa vida barulhenta e cheia de afazeres, o silêncio aparece quase como um luxo. Quantas vezes você ouviu alguém falar que queria fazer uma viagem ou ir a um *spa*, apenas para "ficar tranquilo"?

Essa tranquilidade se traduz em quietude. Hoje não temos tempo para ficar quietos. Somos continuamente bombardeados de informações e enchemos de tarefas o nosso dia, de forma a não ter tempo para "meditar no coração" tudo o que nos acontece. Mesmo à noite não temos essa oportunidade, pois já nos deitamos completamente exaustos pelas tarefas cotidianas, porque gastamos tempo demais em frente à televisão ou ao celular.

O resultado da falta de meditação é um coração atribulado. Como esperneamos, como choramos, como brigamos com a vida! E na verdade, só precisaríamos buscar conhecer melhor e meditar sobre a Palavra de Deus, pois isso é o que dá a base para confiar e obedecer aos Seus sinais.

> Quem sabe não seria uma coisa boa se, com seus amigos sacerdotes ou com as pessoas maduras, mais adultas, vocês se empenhassem em esclarecer as palavras e as frases que são ditas, usadas por Deus? Por exemplo, vocês farão muito barulho, uma barulheira cada vez que tentarem inventar respostas para suas exigências; na verdade, descobrirão que essas respostas vêm exclusivamente quando a pessoa repousa a cabeça nos ombros de Cristo.[115]
>
> Padre Luigi Giussani

---

114 Papa Francisco. *Audiência geral*. 03 de maio de 2017.

115 Luigi Giussani. 2003.

A paz de espírito e a obediência só são possíveis quando "repousamos a cabeça nos ombros de Cristo", ou seja, quando temos esperança. E a esperança só tem lugar no coração daquele que confia que o Senhor não o abandonou, que Ele está tomando conta de tudo, porque ama cada um de Seus filhos.

Se cremos que Nossa Senhora deve ser nosso modelo de santidade, **precisamos então abrir espaços na nossa vida para meditar cada palavra e cada acontecimento em nosso coração**, assim como ela o fez.

O silêncio que brota da humildade e da paz de espírito **não é cruzar os braços e ficar indiferente**, como uma mosca morta. É o silêncio de quem se deixa ser guiado por Deus, porque O ama – não só da boca para fora – e porque tem fé.

Maria sabia que o Senhor conduzia tudo, mesmo quando não entendia absolutamente nada que ocorria à sua volta. Ela tinha a convicção de que, em algum momento, tudo faria sentido e seria bom. Pois Deus é perfeito, é amoroso e providencia tudo! Será que conseguimos ser como Maria hoje?

Um fato espantoso: Deus submisso a duas simples criaturas

A Bíblia está cheia de revelações que nos deixam desconcertados. São várias as passagens que contrariam a ideia que muitas pessoas fazem de Deus e dos mistérios da vida, virando nossas ideias preconcebidas de cabeça para baixo.

Uma dessas passagens que dão um nó em nossa mente é aquela em que São Lucas diz que Jesus saiu do Templo e voltou para casa com José e Maria, pois "lhes era submisso" (2,51). Como assim, o Deus Encarnado submisso a duas criaturas muitíssimo inferiores a Ele? Fascinante!

Em Sua inigualável humildade, Jesus deu o exemplo a todos os filhos do mundo, cumprindo o mandamento de "honrar pai e mãe". Isso mostra que ser submisso não é ser inferior, não significa deixar de expressar os próprios desejos e pensamentos ou abrir mão da dignidade.

Mesmo contrariado, **Jesus obedeceu, demonstrando que a hierarquia que estrutura a família é algo bom**. Essa mensagem é muito necessária para os dias de hoje, quando muitos educadores e pedagogos ilustres pregam que a estrutura hierárquica presente na relação entre pais e filhos (e também entre professores e alunos) é uma forma de opressão.

Meditar sobre a Sagrada Família é o melhor antídoto contra as ideologias da moda, os discursos sedutores do mundo (Cl 2,4), que nos distanciam do caminho da salvação.

O Bar Mitzvah de Jesus

Aos 13 anos, Jesus já tinha alcançado a maioridade – nessa idade, a infância dos meninos judeus tinha fim. Daí em diante, Ele deveria, como qualquer adulto, cumprir a obrigação de jejuar nos dias estabelecidos pela religião e teria o direito de entrar no "pátio dos homens" toda vez que visitasse o Templo de Jerusalém.

Jesus certamente teve o seu Bar Mitzvah, cerimônia de iniciação na vida adulta cumprida até hoje por muitos judeus:

> Por esta razão o Bar Mitzvah, em que o menino ao entrar na maioridade era declarado "filho da Lei", se realizava mediante uma cerimônia religiosa durante a qual ele devia ler uma passagem da Lei em público e com grande alegria.

Tratava-se de uma data muito importante na vida do judeu. (...) Da forma em que era celebrado há dois mil anos, o israelita, ao entrar na maioridade, deveria compreender que pertencia a uma comunidade.[116]

Apesar da maioridade, os meninos de 13 anos não eram considerados prontos para arrumar esposa. Os homens se casavam cedo em Israel, mas era aconselhável que tivessem ao menos 18 anos.[117]

Virgindade perpétua: pela porta que Deus entrou ninguém mais entra

José e Maria viveram sempre como irmãos, sem jamais consumar o matrimônio. Do ventre de Maria, somente uma criança saiu: Jesus, o Cristo. Essa verdade é dogma da Igreja Católica. A seguir, vamos explicar a sua lógica interna.[118]

Antes de tudo, falaremos sobre as imagens pedagógicas do Antigo Testamento, que são prefigurações. O Antigo Testamento traz a Revelação de Deus de forma incompleta e provisória. A Primeira Aliança é santa, mas é destinada a passar, para dar lugar à Revelação definitiva e completa, trazida por Jesus Cristo.

A doutrina, os ritos e a liturgia do Antigo Testamento, portanto, são elementos aproximativos, que ajudaram na preparação do povo para compreender e acolher a Boa-nova.

---

116 Daniel Rops, 1983, p. 80.

117 Ibid., p. 83.

118 Sobre os "irmãos de Jesus" citados na Bíblia, veja a explicação no nosso livro *As grandes mentiras sobre a Igreja Católica*.

A explicação está confusa? O quadro a seguir deixará tudo bem mais claro!

Antigo Testamento ➡	Novo Testamento
O povo faminto se alimenta com o maná no deserto (pão caído do céu)	Os cristãos se alimentam na Eucaristia com o Corpo de Jesus, o Pão do Céu
Moisés ergue a serpente de bronze na estaca para salvar o povo envenenado pelas cobras	Jesus é erguido na cruz para nos salvar do veneno do pecado
Imolação do cordeiro no Templo, para apagar os pecados dos judeus	Imolação de Jesus na Cruz – O Cordeiro de Deus
A circuncisão era a marca de todos os israelitas	O Batismo é a marca de todo cristão
A Arca da Aliança trazia em seu interior a Palavra de Deus (a Tábua dos Dez Mandamentos)	Maria carregou em seu ventre o Verbo de Deus que se fez carne (Jesus)

Jesus é a Palavra de Deus encarnada (Verbo de Deus). Ele leva os Dez Mandamentos à perfeição, pelo amor e pelo exemplo. Portanto, se na Antiga Aliança a arca portou a Palavra de Deus em forma de letra, na Nova Aliança Maria portou o Salvador, a Palavra de Deus encarnada. Logo, **Maria é a Arca da Nova Aliança**!

A Arca da Aliança era tão sagrada que somente os homens da tribo de Levi – a tribo sacerdotal – podiam tocá-la. Um hebreu chamado Uzá, certa vez, segurou a Arca para impedir que ela caísse no chão; mas como não era levita, morreu na hora, apesar de sua boa intenção (II Sm 6,4-7).

Agora pense...

Se o Senhor tinha tamanho zelo pela Arca que continha as tábuas da Lei, ele não teria zelo infinitamente maior pela mulher que carregou Seu Filho dentro de si?

Se a Arca que carregava tábuas de pedra tinha tantas restrições para ser tocada (a ponto de qualquer vacilo ser fatal), não haveria muito mais restrições para que a mulher que carregou o Deus Menino em seu ventre fosse tocada?

Se a Arca da Aliança era sagrada, quanto mais sagrado não seria o ventre onde o corpo do Rei dos Reis tomou forma! Faria mesmo sentido que a Arca da Nova Aliança, o santuário onde Deus habitou por nove meses fosse depois penetrado por seres humanos manchados pelo pecado original? Não seria isso uma profanação?

São José era um esposo castíssimo, não porque haja qualquer malícia ou pecado na relação sexual entre os esposos (na verdade, é algo muito abençoado), mas sim porque Maria é a Arca da Nova Aliança.

O ventre de Maria é também o "pórtico exterior do santuário", que deveria permanecer para sempre fechado após a passagem do Senhor:

> Ele reconduziu-me ao pórtico exterior do santuário, que fica fronteiro ao oriente, o qual se achava fechado. O Senhor disse-me: "Este pórtico ficará fechado. Ninguém o abrirá, ninguém aí passará, porque o Senhor, Deus de Israel, aí passou; ele permanecerá fechado" (Ez 44,1-2).

Os protestantes se orgulham de ser aqueles que tornaram possível a restauração do cristianismo de acordo com a pureza doutrinal da Igreja primitiva, antes da deturpação promovida pelo "catolicismo pagão". Essa hipótese se espatifa no muro quando vemos que todos os padres primitivos afirmavam que Maria foi sempre Virgem, enquanto quase todas as atuais denominações protestantes pregam que ela teve filhos com José.

Mas nos primórdios da revolta chamada de "Reforma" não era assim. A virgindade perpétua de Maria também era defendida de forma veemente pelos primeiros reformadores protestantes, como Lutero e Calvino.[119]

Jesus, Maria e José eram brancos de olhos azuis?

Nos templos das igrejas do Ocidente e nas ilustrações de livros e outras publicações, prevalecem as imagens de Jesus Cristo, de Maria, de São José e dos anjos com a pele muito branca. Entretanto, alguns estudiosos afirmam que é bem provável que a Sagrada Família tivesse a pele morena, cabelos e olhos escuros – isso de acordo com um estudo feito em 2015 sobre a aparência dos judeus que viviam na Palestina há cerca de dois mil anos.[120]

O citado estudo é interessante, mas não é conclusivo nem muito confiável. Ele toma como referência a aparência do povo da nação de Israel como um todo, sem considerar que a tribo de Judá – da qual Jesus descendia – era um caso à parte entre os demais judeus.

O historiador Daniel Rops mostra que a terra de Israel era marcada por uma grande mistura de etnias. Afinal, depois de 586 a.C., a região foi repovoada por diversos povos (arameus, cananeus, fenícios, mesopotâmios etc.), que

---

119 Saiba mais no nosso livro *As grandes mentiras sobre a Igreja Católica*.
120 *What did Jesus really look like?* Site da BBC, 24 de dez. de 2015.

tinham se mesclado com os hebreus que não haviam sido levados como escravos para a Babilônia.

Algumas décadas mais tarde, os judeus que retornaram do exílio babilônico – em especial, das tribos de Judá e Benjamim – mantiveram-se apegados às suas tradições e leis, e isso incluía evitar os casamentos com pessoas de outras crenças e de outras tribos. Por isso, os judeus em geral tinham origem étnica bastante diversificada, mas os judeus de Judá e Benjamin, não.

> No país rude do sul, o núcleo firme dos exilados que voltaram — isto é, principalmente as tribos de Judá e Benjamim — estava agrupado em volta de Jerusalém, e ali a raça podia ser considerada pura. (...) Uma família de linhagem antiga, como a de Jesus, descendente do rei Davi, deve ter sido bastante rara naquelas regiões.[121]

E por falar em Davi... Ele era ruivo (I Sm 16,12 e I Sm 17,42). Bem sabemos que os ruivos têm a pele muito branca. Isso indica que a Sagrada Família era branca? Não. Mas, no mínimo, mostra que não é nenhum absurdo retratá-los como brancos.

Nos dias de hoje, os judeus em geral têm características físicas bastante reconhecíveis. Mas, em relação aos tempos de Jesus, é praticamente impossível delinear os traços de um tipo étnico específico. Tudo não passa de suposições – umas mais, outras menos embasadas.

Se as características étnicas de Jesus, Maria e José não são conhecidas, por que razão eles são retratados tão frequentemente como brancos? Os que são dados a opiniões apressadas

---

[121] Daniel Rops, 1983, p. 32.

e os eternos difamadores do cristianismo gritam: "racismo!". Mas a realidade é bem mais inofensiva do que isso.

A grande referência mundial das artes plásticas durante a Idade Média era – e ainda é – a Europa. Há séculos, artistas de todo Ocidente têm a herança artística europeia como inspiração principal. E, naquele velho continente, até poucas décadas atrás quase não havia negros. Assim, os personagens das pinturas religiosas, como consequência natural, eram quase sempre brancos e de olhos claros.

Esse cenário muda radicalmente quando nos referimos à arte religiosa nas igrejas católicas e ortodoxas do Oriente. Boa parte dos orientais têm olhos, cabelos e pele mais escuros; consequentemente, em seus templos são abundantes as imagens de santos e anjos com essas mesmas características.

Também na Polônia, que faz parte da Europa oriental, é popularíssimo o ícone da Virgem Negra de Czestochowska, com o Menino Jesus Negro em seu colo. Mesmo na Europa Ocidental, é muito difundida desde o século XII a devoção à Virgem Negra de Montserrat, que o povo catalão chama carinhosamente de *La Moreneta* ("A Morena").

Como religião universal, o catolicismo abraça e integra as diversas etnias (*katholikos* significa universal, em grego). Por isso, em Guadalupe, Nossa Senhora quis se apresentar como uma mestiça, encarnando a fusão dos povos indígenas e espanhóis. E, no Brasil, a terra escura do fundo do Rio Paraíba enegreceu a imagem milagrosa de Nossa Senhora da Conceição Aparecida.

Na África, diversos templos católicos exibem imagens de anjos e santos negros. Entre elas, está a bela Catedral de Nossa Senhora das Vitórias, em Dakar, Senegal, inaugurada em 1936.

O desaparecimento de José

A partir do ponto em que os Evangelhos começam a relatar a vida pública de Jesus, já não se nota mais a presença de São José. Ele não é citado ao lado de Maria em nenhum momento (nem nas bodas de Caná, nem na cruz), e esse desaparecimento levou os primeiros padres e teólogos a concluírem que ele já estaria morto.

As únicas narrativas registradas sobre a morte de São José foram escritas muito tardiamente. O manuscrito mais antigo do apócrifo *A História do Carpinteiro José* data do século III ou IV... O que nos leva a pôr em dúvida a credibilidade de seu conteúdo.

Segundo esse apócrifo, Jesus teria proferido em alta voz uma oração durante o funeral de José. Mesmo que isso não seja verdade, a oração é muito bonita e poderia ser piedosamente rezada por filhos devotos de qualquer lugar e tempo:

> Ó Senhor de toda misericórdia, que tudo vê e tudo ouve, escuta o meu lamento e minha súplica por José, o velho, e envia Miguel, o principal de seus anjos, e Gabriel, o mensageiro da luz, e todos os exércitos de seus anjos e de seus coros, para que marchem com a alma de meu pai José, até que a levem a Ti.[122]

Deixando de lado a literatura apócrifa, acreditamos que é mais eficiente recorrer às pistas trazidas pelos registros históricos da tradição dos ritos funerários na época de Cristo. Há outra oração, escrita em aramaico, chamada *Kaddish*. Era recitada em memória dos mortos, porém, em nenhum

---
[122] Daniel Rops, 1983, p. 214.

momento cita a morte, e apenas louva a Deus e a Sua bondade.[123] Se Jesus orou na despedida fúnebre de São José, é bem possível que tenha feito essa oração.

E quanto a Maria? Será que ela chorou pela morte de José? É bastante seguro acreditar que sim. Mas não acreditamos que ela tenha chorado de acordo com o costume das suas contemporâneas.

Se Maria chorou como uma típica judia de sua época, a cena certamente nos causaria estranheza. Teremos de imaginá-la caminhando à frente do corpo até o local do enterro, lançando gritos altos e agudos, arrancando os cabelos, batendo no peito e jogando cinzas sobre a cabeça.

> Quer houvesse ou não tristeza, as manifestações eram sempre ruidosas, ritualmente ruidosas. Seria indecente não chorar alto, não jogar cinzas na cabeça: as pessoas chegavam a alugar pranteadores profissionais, sendo estes já citados em Jeremias, que lançavam gritos agudos durante todo o trajeto, e flautistas que extraíam sons tristes de seus instrumentos.[124]

Sim, Maria era uma judia como as demais. Porém, no aspecto da despedida fúnebre, ela não deve ter se comportado como as mulheres de seu povo. Na convivência de mais de três décadas com Jesus, certamente aprendeu muita coisa com Ele. E uma dessas coisas, podemos dizer quase com certeza, foi a rejeição da cultura de se lamentar de forma histérica nos funerais.

Diante da morte de pessoas amadas, Jesus não reagia com demonstrações excessivamente dramáticas de aflição

---

123 Ibid., p. 214-215.

124 Ibid., p. 214.

e de desespero. Comovido com a morte de Lázaro, Ele chorou, mas de forma comedida, sem rasgar as vestes nem berrar, como era comum que os homens fizessem.

Essa característica comportamental de Cristo era tão relevante que Apóstolos a cultivaram e a difundiram na cultura cristã, especialmente no Ocidente. Estas palavras de São Paulo se encaixam de forma precisa no modo de agir:

> Irmãos, não queremos que ignoreis coisa alguma a respeito dos mortos, para que não vos entristeçais, como os outros homens que não têm esperança. Se cremos que Jesus morreu e ressuscitou, cremos também que Deus levará com Jesus os que nele morreram (I Ts 4,13-14).

Aos pés da cruz de Seu Filho, Maria manteve o autocontrole, mesmo com o coração dilacerado. Repare que choro das mulheres de Jerusalém, na Via Sacra, é citado nos Evangelhos, mas o choro de Maria, não. De forma coerente, portou-se com a mesma discrição no adeus ao seu castíssimo esposo.

MARIA DURANTE A VIDA PÚBLICA DE JESUS

Jesus chamava Maria de "mulher"

Jesus Cristo é o modelo máximo de todo cristão. A partir dessa consciência, com todos os seus limites, cada fiel pede a Deus a graça de ser capaz de imitá-Lo em todas as coisas. Em todas, menos em uma... Duvidamos que alguém aqui chame a própria mãe de "mulher"!

Causa-nos estranhamento quando vemos Jesus chamando Sua Mãe de "mulher". Foi assim que Ele se dirigiu a Nossa Senhora nas Bodas de Caná (Jo 2,4) e aos pés da cruz (João 19,25). Além disso, os Evangelhos não nos deixam entrever nenhum tratamento mais carinhoso de Jesus para com Maria.

> Naquele tempo, a mãe e os irmãos de Jesus foram procurá-lo, mas não podiam chegar-se a ele por causa da multidão. Foi-lhe avisado: Tua mãe e teus irmãos estão lá fora e desejam ver-te. Ele lhes disse: Minha mãe e meus irmãos são estes, que ouvem a palavra de Deus e a observam (Lc 8,19-21).

O trecho anterior não nos leva a imaginar um Jesus "fofinho" com Nossa Senhora. Certamente, Ele era submisso a ela, não só em seu tempo de Menino (Lc 2,51), mas também quando realizou Seu primeiro milagre – a transformação da água em vinho – para atender ao seu pedido. Sim, Ele era submisso; mas talvez não fosse tão afetuoso como na linda e divertida cena do filme de Mel Gibson, *A Paixão de Cristo*, em que Jesus, já adulto, brinca com Sua Mãe.

Jesus não incentivava qualquer louvor a Maria. Quando uma mulher levantou a voz para louvar a Virgem, o Senhor lhe ensinou que os valores espirituais devem ser colocados acima das relações de consanguinidade:

> Enquanto ele assim falava, uma mulher levantou a voz do meio do povo e lhe disse: "Bem-aventurado o ventre que te trouxe, e os peitos que te amamentaram!". Mas Jesus replicou: "Antes bem-aventurados aqueles que ouvem a Palavra de Deus e a observam!" (Lc 11,27-28).

Como a Igreja explica esse tratamento aparentemente seco da parte de Cristo para com Maria? Boa parte dos teólogos concorda que, ao dizer "mulher", Jesus relacionava Maria à profecia de Gênesis: "Porei inimizade entre ti e a mulher, entre a tua descendência e a dela. Esta te ferirá a cabeça e tu lhe ferirás o calcanhar" (3,15).

De fato, Maria é a mulher escolhida por Deus para gerar uma nova descendência de homens em Cristo. Os filhos de Maria são inimigos do demônio. Porém, além dessa interpretação, há outra, complementar e bastante plausível:

> Maria é a obra-prima por excelência do Altíssimo, cuja posse e conhecimento Ele reservou para si. Maria é a Mãe admirável do Filho o qual quis humilhá-la e escondê-la durante a vida para favorecer a sua humildade. Para este fim tratava-a pelo nome de "Mulher" (Jo 2,4 19;26), como a uma estranha,

> embora no seu Coração a estimasse mais do que a todos os anjos e a todos os homens.[125]
>
> *São Luís Maria Grignion de Montfort*

Faz sentido! Lembrem-se de que Deus havia sido rejeitado por seu anjo mais sublime, Lúcifer. Esse, dando-se conta de sua própria beleza, em vez de louvar a Deus, quis elevar a si mesmo e deixou-se levar pela soberba. **Para "vacinar" Maria da tentação da soberba, Jesus agia de modo que ela não se envaidecesse por ser a Mãe do Messias.** E assim, aquela que era perfeita em humildade teve essa virtude ainda mais fortalecida.

"Ela se escondeu neste mundo, e se colocou mais abaixo que o pó, em sua humildade profunda..."[126] Isso explica o motivo pelo qual, enquanto Jesus viveu sobre a Terra, Maria obteve de Deus a graça de não receber os louvores dignos da Mãe do Salvador (além daqueles que já havia recebido da boca do anjo Gabriel e de Santa Isabel).

Jesus iniciou seus milagres pela mediação de Maria

Jorão é o chefe de uma família judia. Contemporâneo e conterrâneo da Sagrada Família, ele foi convidado para um casamento de um parente em outra cidade.

Reunindo a esposa e seus nove filhos, alguns deles ainda bem pequenos, Jorão segue pela estrada de terra, enfrentando uma viagem de um dia e meio rumo ao local da boda. Alguns membros da família seguem a pé, outros vão no lombo

---

125 São Luís Maria Grignion de Montfort, 2002, p. 22.

126 Ibid., p. 47.

de um jumento. Eles enfrentam o sol, a chuva, o sereno, o medo dos bandidos que podem estar à espreita no caminho... Tudo para não perder o festão!

Depois desse razoável sacrifício, Jorão não espera menos do que se sentar em um belo tapete com almofadas e comer e beber sem parar por horas a fio – com breves pausas para balançar o esqueleto ao som das flautas e dos tamborins.

Após apenas duas horas de comemoração, porém, o que acontece? O vinho da festa começa a escassear. Muitos convidados já estão entregues a um malicioso burburinho, inclusive Jorão e os de sua casa. Se o vinho realmente acabar, os recém-casados serão mal falados e carregarão aquela vergonha por muito tempo!

Jorão é uma personagem fictícia, mas a trajetória que contamos de seu deslocamento até a festa, suas expectativas e sua grande contrariedade diante da iminente falta de vinho são perfeitamente plausíveis, de acordo com os costumes da época. Foi desse exato modo que reagiram os convidados das Bodas de Caná, e era assim que eles pensavam.

A sorte dos noivos é que ali havia uma mulher que os amava como Mãe: Maria. Em vez de ficar indiferente ou de murmurar como os demais, ela teve a sensibilidade de tomar uma atitude e se dispor a ajudar. Uma verdadeira mulher de oração é assim: tem os pés bem fincados na Terra, na realidade. E sua mente se abre para notar, se comover e se mover diante das necessidades alheias.

Maria sabia muito bem a quem recorrer para resolver o problema! O modo como falou com Jesus deixa evidente que **ela conhecia a capacidade que Ele tinha de fazer milagres**. Jesus nunca havia feito milagres publicamente, porém, é muito provável que já tivesse realizado algum milagre no segredo de seu lar.

O Senhor se mostra contrariado, em um primeiro instante. O que eles tinham a ver com aquilo? Não, não era chegada a hora de manifestar os dons sobrenaturais publicamente. Providenciar birita para uma festa? Acaso o Deus de poder infinito se encarnou... para *isso*?

Seja como for, o que nos importa nessa história é o resultado final: Jesus atendeu ao pedido de Sua Mãe Santíssima. Vai ter vinho da melhor qualidade para o povo "bebemorar", sim! Humilde, sem deixar de ser firme e decidida, Maria deu a ordem aos serviçais: "Fazei o que ele vos disser" (Jo 2,5).

Maria pede, Jesus faz. O Salvador "Começou e continuou os Seus milagres por Maria; por ela os continuará até o fim dos séculos".[127]

---

127 São Luís Maria Grignion de Montfort, 2002, p. 29.

Maria com uma espada transpassada na alma

Quando o velho Simeão profetizou no dia da Apresentação de Jesus Menino, foi como um segundo anúncio a Maria. O primeiro, emitido pela boca de Gabriel, foi um chamado à alegria; já o segundo a preparava para um destino doloroso.

Simeão indicou que o Filho realizaria a sua missão na incompreensão e na dor[128] – como um sinal de contradição entre o povo. E que também a Mãe partilharia desse sofrimento, em virtude do mistério de sua íntima união espiritual com Cristo.

E havia chegado o dia em que a profecia seria confirmada. Jesus foi preso, esbofeteado, barbaramente açoitado, coroado de espinhos, zombado e, por fim, crucificado até a morte. O coração materno passou por uma prova suprema.

A mais sublime entre as criaturas não foi poupada das provações que ferem tantas mães. O Imaculado Coração de Maria pulsou no mesmo ritmo aflito do coração de todas as mulheres que choram ao ver seus filhos doentes, humilhados, torturados, injustiçados, perseguidos, caluniados ou assassinados.

A espada que transpassou a alma de Maria a associou ao sacrifício redentor do Filho. Todo cristão é chamado a seguir esse exemplo, pois essa é "uma verdade que encontra a sua aplicação também na nossa vida: aqueles que vivem profundamente unidos a Cristo são destinados a compartilhar em profundidade o seu sofrimento redentor".[129]

Que Maria ajude cada um de nós a entender que oferecer nossos sofrimentos a Deus é o único caminho que torna a vida fecunda e nos liberta da mágoa, da revolta e do desespero.

---

128 Papa João Paulo II. *Carta Encíclica Redemptoris Mater*. 25 de março de 1987.

129 Papa João Paulo II. *Audiência Geral*. 4 de maio de 1983.

MARIA E A IGREJA

"Eis aí a tua mãe"

No episódio da Paixão de Cristo, a Bíblia registra o choro das mulheres de Jerusalém, mas nada diz sobre Maria ter chorado. É justo crer que ela acompanhou toda a agonia do Filho mergulhada em um silêncio heroico.

Aos pés da cruz, Jesus pediu que Maria tomasse João como seu filho, e que, por sua vez, o discípulo a acolhesse como mãe. Uma interpretação defendida pelos papas mais recentes é a de que **João estava representando toda a humanidade**, e que a intenção de Jesus seria estender a maternidade espiritual da Virgem sobre todos nós.

Mas alguns teólogos colocam em dúvida esse entendimento: "O principal argumento deles parece ser o de que os Pais da Igreja não interpretam o texto nesse sentido".[130]

Nos Céus temos um Pai e uma Mãe

Deus faz tudo perfeito, e em todas as suas obras há harmonia. Se todos os seres humanos foram gerados por um pai e uma mãe terrenos, não seria natural supor que, na geração

---

130 Juniper B. Carol, 1955, p. 104.

espiritual, tenhamos também uma santa Mãe, além do nosso eterno Pai?

É esse o raciocínio que São Luís Maria Grignion de Montfort faz para defender a maternidade espiritual de Maria sobre todos os membros da Igreja.

São Luís apresenta ainda um segundo argumento. Como São Paulo diz em diversas de suas cartas, Cristo é a cabeça da Igreja, que é um corpo com muitos membros. Cada um dos fiéis é membro desse corpo. Agora, se Jesus, cabeça da Igreja, nasceu de Maria, os demais membros de Seu Corpo (os fiéis), necessariamente, também nasceram dela.

> A mesma mãe não pode dar à luz a cabeça ou o chefe sem os membros, nem os membros sem a cabeça: isso seria uma monstruosidade da natureza. Do mesmo modo, na ordem da graça, a cabeça e os membros nascem também duma só mãe.[131]

Fim da vida terrestre e a Assunção de Maria

Para os cristãos antigos, não estava claro como havia ocorrido o fim da vida terrestre da Mãe do Senhor. Nos primeiros quatro séculos, não há nada nos escritos cristãos sobre esse assunto e, antes do século VII, a visão dos padres a respeito do tema variava muito.

Um texto de Santo Epifânio indica que, no século IV, os cristãos já admitiam a hipótese de Maria não ter experimentado a morte, ainda que não tivessem certeza sobre isso:

---
131 São Luís Maria Grignion de Montfort, 2002, p. 36.

> (...) deixe-os procurar nas Escrituras, e nada encontrarão sobre a morte de Maria, nem se ela morreu ou não, nem se ela foi ou não sepultada (...). As Escrituras simplesmente mantiveram silêncio por causa da maravilha esmagadora, para não lançar as mentes dos homens no assombro.
> Por isso eu nada digo – tenho minhas suspeitas, mas mantenho-me em silêncio.[132]
>
> Panarion. Contra o Antidicomarianos,
> 58 (série 78), 11.1 e 11.3

Desde o ano 600, se festejava nas igrejas de Jerusalém a Festa da Dormição ou Assunção de Maria, e a partir de 650 essa solenidade também passou a ser celebrada no Ocidente. "Dormição" significa que a pessoa não morreu de fato, mas caiu em um sono de morte, provisório e sobrenatural (se você pensou na Bela Adormecida, é tipo isso mesmo).

Nos sermões dessa solenidade, alguns diziam que a Virgem não havia ressuscitado, mas seu corpo incorrupto estaria guardado no Paraíso ou em outro lugar. E outros diziam que ela havia sido elevada aos Céus de corpo e alma – especialmente as homilias bizantinas.[133]

À parte as diferentes visões, havia uma fé unânime: **o corpo da Mãe do Senhor jamais poderia ter sofrido a natural decomposição**. Sinceramente, quem considera aceitável pensar no ventre que foi o Tabernáculo do Deus Encarnado sendo devorado pelos vermes no sepulcro ou sendo reduzido a cinzas?

A partir de então, os teólogos começaram a discutir mais profundamente esse ponto da trajetória de Maria.

---

132 Frank Williams, 2013, p. 624.

133 José Cristo Rey Garcia Paredes, 1995, p. 264.

Conforme as reflexões avançavam e amadureciam, mais se chegava à convicção de que ela, tendo morrido ou não, de fato foi levada aos Céus perfeitamente viva, de corpo e alma. O principal fundamento teológico para essa ideia veio do Papa Leão Magno (século V):

> Se Adão tivesse agido com perseverança, conforme essa incomparável dignidade concedida à sua natureza, observando a lei que lhe foi dada, sua alma intacta haveria sido conduzida à glória celestial com aquela outra parte dele mesmo, que era seu corpo.[134]

A fé na Assunção de Maria foi se fortalecendo sempre mais na consciência dos fiéis, como desdobramento natural da crença em sua Imaculada Conceição – são duas verdades intimamente conectadas. Ela subiu aos Céus de corpo e alma não como Cristo, que se elevou com suas próprias forças (Ascensão), mas sim elevada pelos anjos.

Até que, entre 1921 e 1940, "chegaram à Santa Sé petições de mais de mil bispos residenciais, sem contar as cartas das numerosas congregações religiosas, congregados marianos e inumeráveis fiéis de todo o mundo", pedindo a definição dogmática da Assunção de Maria.[135]

A mulher do Apocalipse e suas asas de grande águia

O capítulo 12 de Apocalipse narra as lutas e a glória de uma mulher perseguida pelo "dragão", que nesse caso é uma alusão ao demônio. A mulher "deu à luz um Filho, um

---

134 José Cristo Rey Garcia Paredes, 1995, p. 273.

135 Ibid., p. 276.

menino, aquele que deve reger todas as nações pagãs com cetro de ferro" (12,5). Convenhamos: é impossível não reconhecer que essa passagem se refere a Maria!

Na visão de São João, "à Mulher foram dadas duas asas de grande águia, a fim de voar para o deserto, para o lugar de seu retiro" (12,14). Nesse texto, o deserto simboliza um lugar seguro. Quanto às asas de águia, no Antigo Testamento Deus usa essa mesma alegoria para relembrar a jornada dos judeus do Egito à Terra Prometida: "Vistes o que fiz aos egípcios, e como vos tenho trazido sobre asas de águia para junto de mim" (Ex 19,4).

Sabemos que a Terra Prometida é a imagem provisória do Paraíso. Quando o Apocalipse diz que a mulher ganhou asas de águia, ela naturalmente foi para junto de Deus: "voou" para o mais alto dos Céus. Essa é a referência indireta mais forte que a Bíblia apresenta sobre a Assunção de Nossa Senhora.

Maria morreu ou não?

O dogma da Assunção de Maria foi proclamado em 1950 pelo Papa Pio XII. Nessa ocasião, **a Igreja não definiu se Nossa Senhora morreu ou não**. Disse apenas que ela, "terminado o curso da vida terrestre, foi assunta em corpo e alma à glória celestial".[136] Em outras palavras: Maria está viva, e habita os Céus de corpo e alma.

Sobre o momento anterior à Assunção de Maria, não se sabe ao certo o que ocorreu. O campo está aberto às especulações dos teólogos. Uns afirmam que Maria morreu e ressuscitou; outros dizem que ela passou diretamente desta

---

136 Papa Pio XII. *Constituição Apostólica Munificentissimus Deus*.

vida para a vida celeste, sem jamais morrer. Cada fiel é livre para abraçar a tese que lhe pareça mais convincente.

A nós, parecem mais sólidos os argumentos dos teólogos que dizem que **Maria foi tocada pela morte, mas não foi sua prisioneira** – afinal, era totalmente livre do pecado original. Assim como o Filho morreu antes de ressuscitar, também Sua Mãe deveria morrer, já que não é superior a Ele.

> É verdade que na Revelação a morte se apresenta como castigo do pecado. Todavia, o facto de a Igreja proclamar Maria liberta do pecado original por singular privilégio divino não induz a concluir que Ela recebeu também a imortalidade corporal. A Mãe não é superior ao Filho, que assumiu a morte, dando-lhe novo significado e transformando-a em instrumento de salvação.
> Empenhada na obra redentora e associada à oferta salvífica de Cristo, Maria pôde compartilhar o sofrimento e a morte em vista da redenção da humanidade. Também para Ela vale quanto Severo de Antioquia afirma a propósito de Cristo: "Sem uma morte preliminar, como poderia ter lugar a ressurreição?". Para ser partícipe da ressurreição de Cristo, Maria devia compartilhar antes de mais nada a Sua morte.[137]
>
> São João Paulo II

Não se sabe a causa da morte da Virgem, mas São João Paulo II supõe que tenha sido de causas naturais.

O que deve ficar claro é que chegar à certeza de como a Virgem deixou esta terra – morrendo ou não – não é essencial para a vida nem para a caminhada de fé de ninguém.

---

137 Papa João Paulo II. *Audiência*. 25 de jun. de 1997.

O fundamental para os católicos é a crença na Assunção, porque, assim como o Filho foi glorificado em Seu corpo, convinha também glorificar a Mãe corporalmente.

O surgimento das devoções marianas

Na Igreja primitiva, Maria era cultuada pelos cristãos da mesma forma como acontece no catolicismo hoje? Não, não era. As devoções marianas se desenvolveram ao longo dos séculos – como as igrejas dedicadas ao seu nome, a oração do rosário, as celebrações litúrgicas em honra a suas glórias, as procissões etc.

Mas que fique bem claro: a Mãe de Jesus era venerada desde os primórdios. A verdade histórica é que **"a veneração a Maria nasceu nas catacumbas"**![138] A respeito disso, o número e a localização dos afrescos retratando a Virgem, datados dos séculos II e III, indicam especial reverência à sua figura. Ela aparece sempre no centro e acima das criptas mais amplas.

Os primeiros cristãos costumavam invocar o auxílio de Maria, que estava já no Céu? Sim, como está provado nas súplicas de um sermão de Gregório Nazianzeno.[139] Alguém pode argumentar que esse sermão é um tanto tardio (século IV), mas a própria Bíblia diz que os santos falecidos estão diante do trono de Deus, servem-no dia e noite (Ap 7,15) e lhe fazem pedidos (Ap 6,9-10). Agora, sabendo que os santos no Céu falam diretamente com o Senhor, é natural que os cristãos primitivos inferissem que as súplicas

---

138 Juniper B. Carol, 1955, p. 4.

139 Juniper B. Carol, 1955, p. 6.

de nenhum outro santo tinham tanto poder quanto as da Virgem Mãe.

Sobre Maria, o célebre historiador protestante Philip Schaff não teme declarar que "Mesmo no céu ela deve ficar particularmente próxima a Ele, a quem na terra ela carregou nove meses sob seu peito, e a quem ela seguiu com verdadeiro cuidado materno para a cruz".[140]

Tente se imaginar na pele de um cristão dos primeiros séculos. Pela pregação dos bispos e evangelistas, de acordo com as Escrituras, você sabe que: Maria foi citada na profecia de Isaías sobre a virgem que daria à luz; ela carregou Jesus no ventre por nove meses; uma mulher cheia do Espírito Santo profetizou que Maria deveria ser louvada por todas as gerações; Maria viveu com Jesus sob o mesmo teto por mais de trinta anos; Maria foi a mediadora do primeiro milagre público do Senhor; Maria esteve o tempo todo aos pés da cruz; Maria recebeu o Espírito Santo em Pentecostes.

Você consegue conceber que um cristão que medite com sinceridade sobre todas essas coisas não tenha veneração por Maria? **Da concepção ao Calvário, Maria nunca esteve separada de Cristo**. É realmente bizarro o esforço de tantos cristãos para desconectar os dois!

Vale notar que a Bíblia registra a veneração dos cristãos pelos lenços e outros panos que haviam tocado no corpo de São Paulo. E esses pobres objetos eram instrumentos de Deus para a realização de milagres (At 19,11-12). Se os cristãos veneravam os panos (os panos!) que tocaram um pecador redimido, como não venerariam com muito maior fervor aquela que serviu de Santuário para o Deus feito homem?

---

140 Philip Schaff, 1891, p. 410.

> TOQUEI NO LENÇO DE PAULO E FIQUEI CURADO!

DEUS OPEROU MILAGRES ATÉ MESMO POR MEIO DE OBJETOS INANIMADOS... (ATOS 19,12)

MAS CERTOS CRISTÃOS DIZEM SER IMPOSSÍVEL QUE DEUS OPERE MILAGRES POR MEIO DE MARIA.

Os Apóstolos e seus contemporâneos não celebravam as glórias de Maria de forma pública nem explícita. Em especial durante o tempo em que ela ainda viveu sobre a Terra, seria completamente descabido insuflar no espírito das pessoas uma excessiva admiração por ela – logo ela, que sempre fora tão silenciosa e discreta.

Mas os Apóstolos reconheciam, sim, o papel totalmente especial da Virgem na História da Salvação. Tanto que, no livro dos Atos, **a figura de Maria foi destacada entre as demais mulheres que estavam unidas aos Apóstolos na Igreja primitiva**: "Todos eles perseveravam unanimemente na oração, juntamente com as mulheres, entre elas Maria, mãe de Jesus" (1,14). Se ela fosse considerada naqueles tempos como uma mulher a mais entre as demais discípulas, não teria merecido essa citação à parte!

Conforme os padres da Igreja foram esclarecendo cada vez mais o papel de Maria – em especial, como já vimos, em seu paralelo com Eva –, as ações privadas e comunitárias em honra à Mãe de Deus foram progressivamente crescendo em importância.

Os cristãos protestantes que possuem honestidade intelectual e amplo conhecimento histórico veem ao menos como positiva essas primeiras manifestações públicas de reverência à Virgem, ainda que persistam em acusar a Igreja Católica de, posteriormente, ter cedido ao paganismo e favorecido a "mariolatria". Como Philip Schaff explica: "O culto a Maria, originalmente, era simplesmente um reflexo do culto a Cristo, e as solenidades marianas foram elaboradas para contribuir com a glorificação de Cristo".[141]

---

[141] Philip Schaff, 1891, p. 410.

O que dizer sobre essa acusação de adoração a Maria? Bem, possivelmente você conhece alguém que se diz católico, mas na verdade faz uma mistura entre o catolicismo e crenças pagãs – o chamado sincretismo religioso. Assim como isso existe hoje, mesmo com a insistente e clara condenação da Igreja, também existia nos primeiros séculos do cristianismo.

Naqueles tempos, como hoje, havia pessoas que se diziam convertidas, porém não renunciavam aos ritos e doutrinas do paganismo e tentavam introduzi-los no catolicismo. A Igreja não era conivente com isso, pelo contrário!

O mais gritante exemplo de combate ao paganismo disfarçado de culto mariano aconteceu no século IV. Na Arábia havia um grupo que se dizia cristão, mas na verdade era sincretista: os coliridianos. Seus membros eram na maioria mulheres, que ofereciam pães e tortas à Virgem Maria e ensinavam diversas heresias sobre ela, tratando-a como deusa.

Quem se levantou contra essa bagunça foi, sobretudo, Santo Epifânio de Salamina: "**Seja venerada Maria; mas o Pai, o Filho e o Espírito Santo sejam adorados**; ninguém deve adorar Maria. Ainda que Maria seja a melhor, a mais santa, a mais digna de ser honrada, nem por isso merece adoração".[142]

Desde então, e no decorrer de todos os séculos até os dias de hoje, a Igreja sempre renovou esse apelo à devida honra à Virgem, que não pode ser adorada, visto que é criatura. Só a Deus cabe o culto de adoração.

---

142 Gregorio Alastruey, 1956, p. 842.

Por que tantas Nossas Senhoras?

Para fazer referência e homenagear determinados **acontecimentos da vida de Maria** sobre a Terra, o povo a chama por algum nome relacionado a esses acontecimentos. Exemplos:

- Nossa Senhora do Ó – lembra os últimos dias de gravidez da Virgem.
- Nossa Senhora das Dores – lembra que a Virgem sofreu com a Paixão e Morte de seu Filho, conforme a profecia do velho Simeão.
- Nossa Senhora da Piedade – lembra o momento de profunda dor da Mãe com Jesus morto em seus braços; a imagem mais famosa dessa devoção é a fabulosa escultura *Pietá*, de Michelangelo.

Além dos acontecimentos da vida de Maria, as suas diferentes representações e nomes também surgem de suas **milagrosas aparições aos homens**. Nesses casos, o título da Virgem geralmente se refere ao local em que ela apareceu: Nossa Senhora de Lourdes, de Fátima, de Guadalupe etc.

Outros títulos de Maria também surgem a partir da devoção do povo a imagens da Virgem ligadas a **eventos históricos ou milagrosos**. É o caso de Nossa Senhora Aparecida: ao jogar as redes no Rio Paraíba, alguns pescadores encontraram a cabeça e, depois, o corpo de uma imagem de Nossa Senhora da Imaculada Conceição. O povo passou a chamar a imagem que "apareceu" pelo nome de Nossa Senhora da Imaculada Conceição... Aparecida!

Os escritos de santos sobre a Santa Virgem também inspiraram o surgimento de títulos marianos. Vejamos este exemplo... Em 1700, o artista alemão Johann Schmidtner pintou uma imagem da Virgem inspirado em Apocalipse 12,1 – que cita a mulher com a lua embaixo de seus pés – e em um escrito de Santo Ireneu de Lyon, que diz: "O nó da desobediência de Eva foi desatado pela obediência de Maria; aquilo que a virgem Eva atara com a sua incredulidade, desatou-o a virgem Maria com a sua fé".[143] A pintura de Schmidtner ficou tão bela, digna e edificante, que acabou por dar origem e popularizar o título de Maria "Desatadora dos Nós". Muito afeiçoado a essa devoção mariana, o Papa Francisco falou sobre ela em 2013.[144]

Uma mãe de muitos nomes, e também de muitos rostos

Jesus e Sua Mãe eram judeus, da tribo de Judá. Sendo assim, seus trajes e traços físicos seguiam as características próprias desse povo. Porém, quando os artesãos e artistas de todos os tempos e lugares produzem uma imagem de Jesus ou de Sua Mãe Santíssima, é natural que façam isso de acordo com a sua cultura.

Assim, os artistas europeus produziram lindas Madonnas com a pele e os olhos claros; os chineses e japoneses, por sua vez, pintam Jesus e Maria de olhos puxados; e a imagem da Virgem de Guadalupe (que não foi feita por mãos humanas) nos mostra uma bela Senhora mestiça, com traços europeus e indígenas, pele morena e trajes de princesa asteca.

Essa variação nos traços, cor da pele, cabelos e vestimenta na representação iconográfica dos santos é muito positiva e faz parte do processo de inculturação da fé.

---

143 S. Ireneu. *Adv. Haer.* III, 22, 4: p. 7, 959 A; Harvey, 2, 124.

144 Papa Francisco. *Oração para a Jornada Mariana por ocasião do Ano da Fé.* 12 de out. de 2013.

A Igreja diante das aparições marianas

Desde os primeiros séculos até os dias atuais, nunca cessaram de surgir relatos de pessoas que alegam ter presenciado uma aparição da gloriosa Virgem Maria e, até mesmo, ter recebido mensagens dela. Porém, nas últimas décadas, parece ter ocorrido um "surto" de relatos de aparições marianas.

Como sábia Mãe que teme que seus filhos sejam ludibriados, **a Igreja sempre foi muito cautelosa diante dos relatos de aparições sobrenaturais de Maria**. Antes de aprovar uma aparição, as autoridades do clero realizam um rigoroso e longo estudo sobre o caso.

O mais ilustre estudioso das aparições marianas na atualidade é o Padre René Laurentin, falecido em 2017. Segundo ele, uma pessoa que alega ter visto Nossa Senhora nem sempre é um vidente autêntico: pode ser um charlatão que deseja se aproveitar da boa-fé das pessoas, um louco ou simplesmente alguém que acredita ilusoriamente que alcançou um grau de iluminação negado à maioria das pessoas (os chamados "alumbrados").[145]

A Igreja aplica três critérios básicos para discernir se uma alegada aparição mariana é autêntica ou não:

1. **A retidão da mensagem** – As mensagens comunicadas pelo vidente estão de acordo com a fé católica e com a moral?
2. **A personalidade e a vida do vidente** – O vidente é credível, desinteressado, coerente e equilibrado? Ou, pelo contrário, aparenta ser mais uma vítima

---

145 René Laurentin, *Investigator of Celestial Visions, Dies at 99*. Site do *The New York Times*, 15 de set. de 2017.

de doença mental? Ou é ambíguo, confuso e manipulador? Sua vida é a de um cristão exemplar?
3. **Os frutos da aparição** – A devoção em torno da aparição gerou conversões duradouras e profundas ou curas miraculosas? Algum sinal sobrenatural está vinculado a essa aparição?

Somente a partir do século XVIII o Papa Bento XIV estabeleceu os critérios para fundamentar a avaliação da autenticidade das aparições. O avanço da tecnologia a partir desse período proporcionou à Igreja mais recursos para investigar supostos milagres. Desde então, os milagres – que antes eram considerados apenas sob o ponto de vista da fé – passaram a ser julgados com a ajuda dos relatórios médicos e do método científico.

Após avaliar uma aparição, o bispo local (autoridade máxima da diocese onde determinada aparição supostamente ocorreu) pode comunicar aos fiéis uma destas fórmulas:

- **Aprovada** – significa que aquela aparição é digna de fé, sendo muito provável que tenha ocorrido realmente;
- **Aprovada para expressão da fé** – significa que o caráter sobrenatural da aparição não está provado até aquele momento (talvez venha a ser provado no futuro), mas os fiéis estão autorizados a peregrinar para o local das aparições e a manifestar sua devoção naquele sítio, porque não há nada em seu conteúdo que contrarie a fé católica;
- **Reprovada** – significa que o caráter não sobrenatural da aparição está provado. Ou seja, ela é falsa, pois sua dimensão miraculosa foi descartada.

A aprovação do bispo local é suficiente para que os fiéis se sintam seguros para dar crédito a uma aparição. Mas é possível que uma aparição atraia e cative a devoção do Papa, a ponto de ser aprovada também por Roma. Certamente, isso incentiva e legitima ainda mais uma revelação pessoal.

Em seu "Dicionário das Aparições da Virgem Maria" (*Dizionario delle apparizioni della Vergine Maria*), Laurentin registrou cerca de 2.400 supostas aparições da Virgem Maria que ocorreram ao longo de toda a História.

Desse total de relatos de aparições, **a Igreja aprovou oficialmente menos de cinquenta.** Uma parcela dessas aparições aprovadas ocorreu antes da era das investigações, e foram aprovadas por tradição (pelo testemunho oral do pároco e da comunidade local, sendo mais tarde abençoadas pelos papas); outras foram aprovadas somente pelo bispo local após investigação; e dezesseis foram aprovadas pelo Vaticano também, após rigoroso estudo.[146]

Isso não quer dizer que as demais aparições são necessariamente falsas, já que a maioria delas nem mesmo foi submetida a um processo formal de investigação, ou o processo não foi concluído.

Além das aprovadas, há ainda mais 24 aparições "aprovadas para expressão de fé" e também 308 aparições relatadas por santos ou beatos. Ainda que de modo não oficial, a Igreja reconhece essas aparições, já que é razoável pensar que o testemunho de santos e beatos tem alto valor.

A diferença entre a Revelação de Cristo e as revelações privadas

Mesmo quando aprova uma aparição, a Igreja não obriga os fiéis a crerem nela nem dá certeza sobre o seu caráter

---

[146] Official Church Statements. Site The Miracle Hunter.

miraculoso. **Ao aprovar uma aparição, a Igreja está dizendo que é muito provável que ela tenha ocorrido**, e que a mensagem comunicada pelo vidente é edificante para as almas.

Em outras palavras: uma aparição aprovada pela Igreja não indica uma certeza, mas sinaliza uma grande probabilidade sobre a sua veracidade. Foi esse o esclarecimento dado no século XVIII pelo Cardeal Lambertini (que viria a ser o Papa Bento XIV):

> A tais revelações aprovadas não é devida uma adesão de fé católica; nem isso é possível. Estas revelações requerem, antes, uma adesão de fé humana ditada pelas regras da prudência, que no-las apresentam como prováveis e religiosamente credíveis.[147]

As mensagens divulgadas pelos videntes são chamadas de **revelações privadas**. São diferentes da Revelação de Deus, infalível, completa e definitiva, que está na Sagrada Escritura e na Sagrada Tradição e é interpretada de forma correta e segura pelo Magistério da Igreja. Nessa única Revelação temos a certeza da verdade, pois foi o próprio Deus quem falou.

As revelações privadas não podem acrescentar nada a essa sublime Revelação, mas podem ajudar a reverberá-la e a torná-la mais facilmente compreensível aos homens de cada tempo (Catecismo da Igreja Católica, n. 67).

Bento XVI (na época, Cardeal Ratzinger) explica que uma mensagem privada aprovada pela Igreja "pode ser um válido auxílio para compreender e viver melhor o Evangelho na hora atual; por isso, não se deve transcurar. É uma ajuda que é oferecida, mas não é obrigatório fazer uso dela".[148]

---

147 Comentário Teológico do Cardeal Ratzinger no documento *A Mensagem de Fátima – Congregação para a Doutrina da Fé*. Ano 2000.

148 Idem, ibidem.

CONSTRUTORES DE CATEDRAIS

Há uma palestra da escritora Nicole Johnson que traz uma analogia muito inteligente entre o trabalho da dona de casa e a construção de uma catedral. Nicole se sentia como uma "mulher invisível": seu trabalho não era devidamente valorizado pelo marido e pelos filhos. Até que um dia recebeu de presente de uma amiga um livro sobre as grandes catedrais da Europa, com a dedicatória: "Com admiração, por tudo de bom que você constrói e ninguém vê".

De fato, com algumas poucas exceções (como a Catedral da Sagrada Família, de Gaudí), não se conhecem os nomes dos construtores das mais famosas catedrais. Eles fizeram aquelas obras esplêndidas, inclusive decorando com esmero pontos escondidos do prédio que ninguém podia ver – mas Deus via!

E como era comum que as catedrais levassem mais de cem anos para serem concluídas, muitos daqueles homens davam o melhor de si para construir e embelezar uma obra que jamais veriam pronta. Eles não alcançariam reconhecimento por aquelas maravilhas, mas tinham a fé, a consciência de que Deus tudo vê.

Talvez a ruína de tantos casamentos – inclusive de matrimônios católicos – seja em grande parte devido ao fato de que, hoje, há poucas pessoas com aquela fé, há poucas pessoas dispostas ao mesmo sacrifício dos construtores das catedrais medievais. O sacrifício de, dia após dia, dar o melhor de si por uma bela obra, sem com isso alcançar o reconhecimento da sociedade.

Os sacrifícios diários de um bom pai, de uma boa mãe e de um bom filho podem ser invisíveis para a sociedade, mas não são invisíveis para Deus. Nas Escrituras, Jesus dá especial valor às boas obras feitas em segredo. Por isso, podemos com toda a certeza crer que as ações de amor e sacrifício que não conferem *status*, prestígio, ou atraem reconhecimento ou aplausos são aquelas mais preciosas aos olhos de Deus.

E um dos lugares do mundo em que mais ocorrem as boas obras ocultas é no seio das famílias. As noites mal dormidas para confortar o bebê, as renúncias pelo bem do outro, os abraços de consolo e de perdão, o trabalho dobrado para garantir o sustento de todos, o apoio em meio às dificuldades, o cuidado com os pais idosos ou doentes... Por isso o diabo odeia tanto a família, fazendo tudo para apequená-la, enfraquecê-la, ridicularizá-la, desconstruí-la.

A realidade oculta da Sagrada Família continha, em grande parte, os mesmos desafios, tarefas, dores e alegrias das famílias comuns de todos os tempos. Nosso Senhor Jesus Cristo (até os 30 anos) e São José davam testemunho de uma vida bela e santa por meio do trabalho braçal, de sol a sol. E a Virgem Maria se entregava às múltiplas tarefas domésticas que já descrevemos neste livro.

> O Redentor do mundo quis escolher a família como lugar do seu nascimento e do seu crescimento, santificando assim esta instituição fundamental de todas as sociedades. O tempo passado em Nazaré, o mais longo da sua existência,

> permanece envolto por uma grande discrição e dele poucas notícias nos são transmitidas pelos evangelistas. Se, porém, desejamos compreender mais profundamente a vida e a missão de Jesus, devemos aproximar-nos do mistério da Santa Família de Nazaré para ver e ouvir.
>
> São João Paulo II

Ser família é construir com cada pequeno gesto uma catedral, um templo para Deus entrar e morar. Não importa se não somos devidamente reconhecidos por cada sacrifício que fazemos para construir e embelezar essa catedral. Não importa se o marido, o pai, a mãe, a esposa, os filhos e a sociedade nem sempre reconheçam o valor de cada sacrifício que fazemos. Deus vê.

REFERÊNCIAS BIBLIOGRÁFICAS

Livros

AGOSTINHO, Santo. *Sermons on the Liturgical Seasons* (Fathers of the Church Patristic Series, Volume 38). Tradução: Sister Mary Sarah Muldowney, R.S.M. Washington D.C.: The Catholic University of America Press, 2008.

ALASTRUEY, Gregorio. *Tratado de la Virgen Santisima*. Madrid: Biblioteca de Autores Cristianos, 1956.

AQUINO, Santo Tomás. *Suma Teológica*. Volume 4: IIIa Pars. Tradução de Alexandre Correia. Campinas, SP: 2016.

ARMSTRONG, Karen. *Campos de sangue – Religião e a história da violência*. São Paulo: Companhia das Letras, 2016.

BOSS, Sarah Jane (ed.). *Mary: The Complete Resource*. Londres; Nova York: Continuum, 2007.

BOYCE, Philip (ed.). *Mary: The Virgin Mary in the Life and Writings of John Henry Newman*. Leominster, Herefordshire, England; Grand Rapids Michigan: Gracrewing and Wm. B. Eerdmans, 2001.

CAROL, Juniper B., O.F.M. (ed.). *Mariology*. Volume I. Milwaukee: The Bruce Publishing Company, 1955.

_____ . *Mariology*. Volume III. Milwaukee: The Bruce Publishing Company, 1955.

CAVALCANTE, Pe. Pedro Teixeira. *Santa Teresinha em Gotas*. São Paulo: Paulus, 1997.

COX, Steven L.; EASLEY, Kendell H. *Harmony of the Gospels*. Nashville, Tennessee: Holman Christian Standard Bible, 2007.

DONNER, Herbert. *História de Israel e dos povos vizinhos*. Volume 1 – Dos primórdios até a formação do Estado. São Leopoldo: Sinodal; Petrópolis: Vozes, 1997.

DOUGLASS, Jane Dempsey. *Justification in Late Medieval Preaching: A Study of John Geiler of Keisersberg*. 2. ed. Leiden; New York: E.J. Brill, 1989.

EGAN, Kerry. Nursing, Eucharist, Psychosis, Metaphor. In: Dugan, Kate; Owens, Jennifer (eds.). *From the Pews in the Back – Young Women and Catholicism*. Collegeville, Minnesota: Liturgical Press, 2009.

EPIFANIO, Monje. *Vida de María*. 3. ed. Introdução, tradução e notas de Guillermo Pons Pons. Madrid: Editora Ciudad Nueva, 2011.

FREYNE, Sean. *Jesus: um judeu da Galileia: nova leitura da história de Jesus*. São Paulo: Paulus, 2008.

GIER, Nicholas F. *God, Reason, and the Evangelicals*. Lanham, Maryland: University Press of America, 1987.

HORSLEY, Richard A. *Jesus Empire – The Kingdom of God and the New World Disorder*. Minneapolis: Fortress Press, 2003.

JOSEPHUS, Flavius. Antiquities of the Jews. In: *The Works of Flavius Josephus*. Tradução de William Whiston. Londres: Willoughby & Co, 1840.

LAURENTIN, René. *The Truth of Christmas beyond the Myths: the Gospels of the Infancy of Christ*. Petersham, Mass.: St. Bede's Publications, 1986. p. 99.

MONTFORT, São Luís Maria Grignion de. *Tratado da verdadeira devoção à Santíssima Virgem Maria*. Anápolis: Fraternidade Arca de Maria, 2002.

MORIN, Émile. *Jesus e as estruturas de seu tempo*. 2. ed. São Paulo: Paulinas, 1982.

OTT, Ludwig. *Fundamentals of Catholic Dogma*. Fort Collins, CO: Roman Catholic Books, 1954.

PAREDES, José Cristo Rey Garcia. *Mariologia*. Madrid: Biblioteca de Autores Cristianos, 1995.

RATZINGER, Joseph. *A infância de Jesus*. São Paulo: Planeta, 2012.

ROPS, Daniel. *Vida Diária nos tempos de Jesus*. São Paulo: Edições Vida Nova, 1983.

ROPS, Daniel. *A Igreja da Renascença e da Reforma (II)*. São Paulo: Quadrante, 1999.

SARDI, Vincenzo. *La solenne definizione del Dogma dell'Immacolato Concepimento di Maria*. SS., Atti e Documenti. vol. 2. Roma: Tipografia Vaticana, 1905.

SCHAFF, Philip. *History of Christian Church*. Volume 3 — Nicene and Post-Nicene Christianity. 3. ed. rev. New York: Charles Scribner's Sons, 1891.

SERRÃO, Victor. Impactos do Concílio de Trento na arte portuguesa entre o Maneirismo e o Barroco (1563-1750). In: Paiva, J. P. (coord.). *O Concílio de Trento em Portugal e nas suas conquistas: olhares novos*. Lisboa: Centro Estudos de História Religiosa, Universidade Católica Portuguesa, 2012.

SHEEN, Fulton. *El Eterno Galileo: una vida de Cristo para el mundo moderno*. México: Azteca S.A., 1981.

STRANGE, James F. "Nazareth". Volume 4. In: David Noel Freedman (ed.). *Anchor Bible Dictionary*. 6 Volumes. New York: Doubleday, 1992. p. 1050.

TRADIGO, Alfredo. *Icons and Saints of the Eastern Orthodox Church*. Los Angeles: The J. Paul Getty Museum, 2006. p. 183.

WILLIAMS, Frank (tradutor). *The Panarion of Epiphanius of Salamis*. Books II and III, De Fide. 2. ed. rev. Nag Hammadi and Manichaean studies, volume 79. Leiden: Brill, 2013.

Documentos do Vaticano

Papa Paulo VI. *Exortação Apostólica Marialis Cultus*, 1974.
    http://w2.vatican.va/content/paul-vi/pt/apost_exhortations/documents/hf_p-vi_exh_19740202_marialis-cultus.html

Papa Leão XIII. *Encíclica Quamquam pluries*. 15/08/1889.
    http://w2.vatican.va/content/leo-xiii/es/encyclicals/documents/hf_l-xiii_enc_15081889_quamquam-pluries.html

Papa Francisco. *Discurso por ocasião da inauguração do Ano Judiciário do Tribunal da Rota Romana*. 22/01/2016.
    http://w2.vatican.va/content/francesco/pt/speeches/2016/january/documents/papa-francesco_20160122_anno-giudiziario-rota-romana.html

Papa Francisco. *Exortação Apostólica Evangelii Gaudium*, 2013.
    http://w2.vatican.va/content/francesco/pt/apost_exhortations/documents/papa-francesco_esortazione-ap_20131124_evangelii-gaudium.html

Papa Francisco. *Audiência geral*. 03/05/2017.
    http://w2.vatican.va/content/francesco/pt/audiences/2017/documents/papa-francesco_20170510_udienza-generale.html

Papa Francisco. *Homilia na Capela de Santa Marta*. Site da Rádio Vaticano, 27/05/2013:
http://www.archivioradiovaticana.va/storico/2013/05/27/papa_francisco_o_bem-estar_e_o_fasc%C3%ADnio_do_provis%C3%B3rio_afastam-nos_de/por-695870

Papa Francisco. *Oração para a Jornada Mariana por ocasião do Ano da Fé*. 12/10/2013.
http://w2.vatican.va/content/francesco/pt/speeches/2013/october/documents/papa-francesco_20131012_preghiera-mariana.html

Papa Francisco. *Angelus*. 22/12/2013.
http://w2.vatican.va/content/francesco/pt/angelus/2013/documents/papa-francesco_angelus_20131222.html

Papa Francisco. *Meditações Matutinas na Santa Missa celebrada na capela da Casa Santa Marta*. 20/03/2017.
http://w2.vatican.va/content/francesco/pt/cotidie/2017/documents/papa-francesco-cotidie_20170320_jose-o-sonhador.html

Papa Bento XVI. *Discurso por ocasião da V Conferência Geral do Episcopado da América Latina e do Caribe*.
http://w2.vatican.va/content/benedict-xvi/pt/speeches/2007/may/documents/hf_ben-xvi_spe_20070513_conference-aparecida.html

Papa Bento XVI. *Audiência geral*. 14/11/2012.
http://w2.vatican.va/content/benedict-xvi/pt/audiences/2012/documents/hf_ben-xvi_aud_20121114.html

Bento XVI. *Audiência geral*. 23/12/2009.
http://w2.vatican.va/content/benedict-xvi/pt/audiences/2009/documents/hf_ben-xvi_aud_20091223.html?fbclid=IwAR0KGSvoJojnWc2nMpKZfh7dyeV-COZkNUoCFt9Kj1m1yhyYAuS6OKWTOAno

Papa João Paulo II. *Exortação Apostólica Familiaris Consortio*, 1981.
http://w2.vatican.va/content/john-paul-ii/pt/apost_exhortations/documents/hf_jp-ii_exh_19811122_familiaris-consortio.html

Papa João Paulo II. *Angelus*. 30/12/2001.
http://w2.vatican.va/content/john-paul-ii/pt/angelus/2001/documents/hf_jp-ii_ang_20011230.html

Papa João Paulo II. *Discurso aos professores e aos alunos da Universidade Urbaniana*, 1980.
https://w2.vatican.va/content/john-paul-ii/pt/speeches/1980/october/documents/hf_jp-ii_spe_19801019_urbaniana.html

Papa João Paulo II. *Audiência*. 25/06/1997.
http://w2.vatican.va/content/john-paul-ii/pt/audiences/1997/documents/hf_jp-ii_aud_25061997.html

Papa João Paulo II. *Homilia na Festa de Apresentação do Senhor*. 02/02/1981.
http://w2.vatican.va/content/john-paul-ii/pt/homilies/1981/documents/hf_jp-ii_hom_19810202_presentazione.html

Papa João Paulo II. *Carta Encíclica Redemptoris Mater*. 25/03/1987.
http://w2.vatican.va/content/john-paul-ii/pt/encyclicals/documents/hf_jp-ii_enc_25031987_redemptoris-mater.html

Papa João Paulo II. *Audiência geral*. 04/05/1983.
http://w2.vatican.va/content/john-paul-ii/pt/audiences/1983/documents/hf_jp-ii_aud_19830504.html

João Paulo II. *Audiência geral*. 22/12/1993.
https://w2.vatican.va/content/john-paul-ii/es/audiences/1993/documents/hf_jp-ii_aud_19931222.html

Congregação para a Doutrina da Fé. *Declaração Dominus Iesus.* 2000.
   http://www.vatican.va/roman_curia/congregations/cfaith/documents/rc_con_cfaith_doc_20000806_dominus-iesus_po.html

Papa Pio IX. *Encíclica Ubi primum.* 02/02/1849.
   http://w2.vatican.va/content/pius-ix/it/documents/enciclica-ubi-primum-2-febbraio-1849.html

Papa Pio XII. *Constituição Apostólica Munificentissimus Deus.* 01/11/1950.
   http://w2.vatican.va/content/pius-xii/pt/apost_constitutions/documents/hf_p-xii_apc_19501101_munificentissimus-deus.html#_ftnref14

Congregação para a Doutrina da Fé. *A mensagem de Fátima.* 26/06/2000.
   http://www.vatican.va/roman_curia/congregations/cfaith/documents/rc_con_cfaith_doc_20000626_message-fatima_po.html

Jornais

Vittorio Messori. Gesù nacque davvero quel 25 dicembre. *Corriere Della Sera*, 09 de julho de 2003.

Sites

São Francisco de Assis. *I Carta aos Custódios*. Site dos Freis Franciscanos Capuchinhos Centro-Oeste: http://www.capuchinhos.org.br/cboeste/franciscanismo/escritos-de-sao-francisco/cartas/carta-1-aos-custodios/1carta-aos-custodios

France Press. *Papa convida mães a amamentar durante batismo*. Site G1 Mundo, 08/01/2017: https://g1.globo.com/mundo/noticia/papa-convida-maes-a-amamentar-durante-batismo.ghtml

Joan Taylor. *What did Jesus really look like?* Site da BBC. 24/12/2015: http://www.bbc.com/news/magazine-35120965

Sam Roberts. *René Laurentin, Investigator of Celestial Visions, Dies at 99*. Site *The New York Times*, 15/09/2017: https://www.nytimes.com/2017/09/15/international-home/rene-laurentin-investigator-of-celestial-visions-dies-at-99.html

Nicola Bux. *Gesù di Nazaret è nato il 25 dicembre?* Site Documentazione Interdisciplinare di Scienza & Fede, Dez. 2011: http://www.disf.org/editoriali/2011-12?fbclid=IwAR2ZoeXzA-Xope-9T3VRAzoYmPpHt7MGoOrkEkurvFCT3XAH8kaonThkNiE

Official Church Statements. Site The Miracle Hunter: http://www.miraclehunter.com/marian_apparitions/statements/index.html

Entrevista: "Cada um de nós é personagem do presépio", D. José Tolentino Mendonça. Site da Agência Ecclesia. 25/12/2019: https://agencia.ecclesia.pt/portal/entrevista-cada-um-de-nos-e-personagem-do-presepio-d-jose-tolentino-mendonca/

Luigi Giussani. *A força de Deus é a alegria de seu povo – Notas da saudação no encerramento do Tríduo Pascal dos colegiais de Comunhão e Libertação*. Site do CL Brasil: https://cl.org.br/arquivo/outros/a-for%C3%A7a-de-deus-%C3%A9-a-alegria-de-seu-povo

Dom Giussani. *Buscava a Beleza e encontrou Cristo*. Site CL: https://portugues.clonline.org/dom-giussani

Leia também:

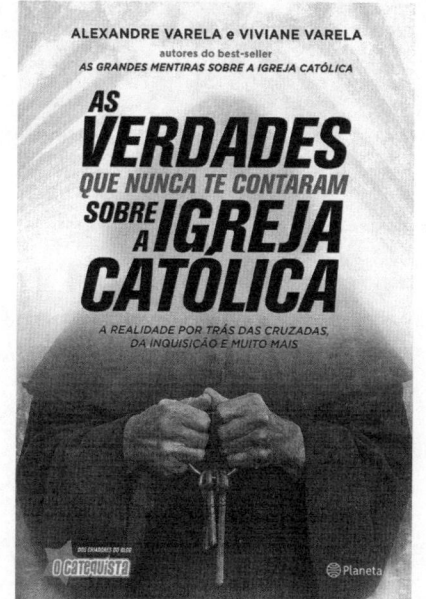

ALEXANDRE VARELA e VIVIANE VARELA
COMO OS CAÇADORES DE TRETA

AS GRANDES MENTIRAS SOBRE A IGREJA CATÓLICA

DESVENDE OS MITOS SOBRE O CATOLICISMO

ALEXANDRE VARELA e VIVIANE VARELA
autores do best-seller
AS GRANDES MENTIRAS SOBRE A IGREJA CATÓLICA

AS VERDADES QUE NUNCA TE CONTARAM SOBRE A IGREJA CATÓLICA

A REALIDADE POR TRÁS DAS CRUZADAS, DA INQUISIÇÃO E MUITO MAIS

**Acreditamos
nos livros**

Este livro foi composto em Adobe Garamond Pro e Bliss Pro, e impresso pela Gráfica Santa Marta para a Editora Planeta do Brasil em setembro de 2020.